MARCO POLO

BRASILIEN/RIO

Reisen mit
Insider-Tips
Diese Tips sind die ganz speziellen Empfehlungen unserer Autoren. Sie sind im Text gelb unterlegt.

Fünf Symbole sollen Ihnen die Orientierung in diesem Führer erleichtern:

★ *für Marco Polo Tips – die besten in jeder Kategorie*

für alle Objekte, bei denen Sie auch eine schöne Aussicht haben

für Plätze, wo Sie bestimmt viele Einheimische treffen

für Treffpunkte für junge Leute

(108/A 1)
Seitenzahlen und Koordinaten für den Reiseatlas Brasilien
(U/A 1)
Koordinaten für den Stadtplan Rio de Janeiro im hinteren Umschlag
(O) *außerhalb des Kartenausschnitts*

Diesen Führer schrieb Carl D. Goerdeler. Er lebt seit mehreren Jahren in Rio als Korrespondent für deutsche Zeitungen, unter anderem für »Die Zeit«.

Die Marco Polo Reihe wird herausgegeben von Ferdinand Ranft.

Die aktuellsten Insider-Tips finden Sie im Internet unter http://www.marco-polo.de

MAIRS GEOGRAPHISCHER VERLAG

MARCO POLO

Für Ihre nächste Reise gibt es folgende Titel dieser Reihe:

Ägypten • Alaska • Algarve • Allgäu • Amrum/Föhr • Amsterdam • Andalusien • Antarktis • Argentinien/Buenos Aires • Athen • Australien • Azoren • Bahamas • Bali/Lombok • Baltikum • Bangkok • Barbados • Barcelona • Bayerischer Wald • Berlin • Berner Oberland • Bodensee • Bornholm • Brasilien/Rio • Bretagne • Brüssel • Budapest • Bulgarien • Burgenland • Burgund • Capri • Chalkidiki • Chiemgau/Berchtesgaden • China • Costa Blanca • Costa Brava • Costa del Sol/Granada • Costa Rica • Côte d'Azur • Dalmatinische Küste • Dänemark • Disneyland Paris • Dolomiten • Dominikanische Republik • Dresden • Dubai/Emirate/Oman • Düsseldorf • Ecuador/Galapagos • Eifel • Elba • Elsaß • England • Erzgebirge/Vogtland • Feuerland/Patagonien • Finnland • Flandern • Florenz • Florida • Franken • Frankfurt • Frankreich • Französische Atlantikküste • Fuerteventura • Galicien/Nordwest-Spanien • Gardasee • Golf von Neapel • Gran Canaria • Griechenland • Griechische Inseln/Ägäis • Hamburg • Harz • Hawaii • Heidelberg • Holland • Holländische Küste • Hongkong • Ibiza/Formentera • Indien • Ionische Inseln • Irland • Ischia • Island • Israel • Istanbul • Istrien • Italien • Italien Nord • Italien Süd • Ital. Adria • Ital. Riviera • Jamaika • Japan • Java/Sumatra • Jemen • Jerusalem • Jordanien • Kalifornien • Kanada • Kanada Ost • Kanada West • Kanalinseln • Karibik I • Karibik II • Kärnten • Kenia • Köln • Königsberg/Ostpreußen Nord • Kopenhagen • Korsika • Kos • Kreta • Krim/Schwarzmeerküste • Kuba • Languedoc-Roussillon • Lanzarote • La Palma • Leipzig • Libanon • Lissabon • Lofoten • Loire-Tal • London • Lüneburger Heide • Luxemburg • Macau • Madagaskar • Madeira • Madrid • Mailand/Lombardei • Malaysia • Malediven • Mallorca • Malta • Mark Brandenburg • Marokko • Masurische Seen • Mauritius • Mecklenburger Seenplatte • Menorca • Mexiko • Mosel • Moskau • München • Namibia • Nepal • Neuseeland • New York • Nordseeküste: Schleswig-Holstein • Normandie • Norwegen • Oberbayern • Oberitalienische Seen • Oberschwaben • Österreich • Ostfriesische Inseln • Ostseeküste: Mecklenburg-Vorpommern • Ostseeküste: Schleswig-Holstein • Paris • Peking • Peloponnes • Pfalz • Philippinen • Piemont/Turin • Polen • Portugal • Potsdam • Prag • Provence • Rhodos • Riesengebirge • Rocky Mountains • Rom • Rügen • Rumänien • Rußland • Salzburg/Salzkammergut • Samos • San Francisco • Sardinien • Schottland • Schwarzwald • Schweden • Schweiz • Seychellen • Singapur • Sizilien • Slowakei • Spanien • Spreewald/Lausitz • Sri Lanka • Steiermark • Sankt Petersburg • Südafrika • Südamerika • Südengland • Südkorea • Südsee • Südtirol • Sylt • Syrien • Taiwan • Teneriffa • Tessin • Thailand • Thüringen • Tirol • Tokio • Toskana • Tschechien • Tunesien • Türkei • Türkische Mittelmeerküste • Umbrien • Ungarn • USA • USA: Neuengland • USA Ost • USA Südstaaten • USA Südwest • USA West • Usedom • Venedig • Venezuela • Vietnam • Wales • Die Wartburg/Eisenach und Umgebung • Weimar • Wien • Zürich • Zypern • Die besten Weine in Deutschland • Die 30 tollsten Ziele in Europa • Die tollsten Hotels in Deutschland • Die tollsten Musicals in Deutschland • Die tollsten Restaurants in Deutschland

Die Marco Polo Redaktion freut sich, wenn Sie ihr schreiben: Marco Polo Redaktion, Mairs Geographischer Verlag, Postfach 31 51, D-73751 Ostfildern

Unsere Autoren haben nach bestem Wissen recherchiert. Trotzdem schleichen sich manchmal Fehler ein, für die der Verlag keine Haftung übernehmen kann.

Titelbild: Botafogo Bucht, Zuckerhut (IFA Bilderteam: Löhr)
Fotos: Kirchgessner (7, 19, 22, 24); Mauritius: Balzat (8, 53, 78), Camara Tres (9, 15, 16, 20, 38, 42, 49, 59, 69, 74, 83, 86), Cedri (12), Hubatka (107), MacLaren (33), Marliani (44), Messerschmidt (37, 61), Otto (56), Pott (4), Schmidt-Luchs (23), Schmied (11, 88), Stockfoto (26), Torino (64, 66, 80, 81), Vidler (30, 34, 41), Weigl (72), Wendler (67); Zawodsky (14, 51)

Kartographie Reiseatlas: © Istituto Geografico DeAgostini, Novara
Lektorat: Heinz Vrchota
Gestaltung: Thienhaus/Wippermann (Büro Hamburg)
Sprachführer: in Zusammenarbeit mit Ernst Klett Verlag für Wissen und Bildung GmbH, Redaktion PONS Wörterbücher

Printed in Germany
Gedruckt auf 100% chlorfreiem Papier

INHALT

Entdecken Sie Brasilien!

Ein Kontinent im Kontinent – so farbig wie die Gesichter seiner Menschen

Todmüde fallen Sie aus der Maschine. Ihre innere Uhr ist durcheinandergekommen. Sie sind die ganze Nacht geflogen. Halb in Trance lassen Sie die Zoll- und Paßkontrolle über sich ergehen. Dann öffnet sich die automatische Tür des Airports von Rio. Endlich durchatmen! Doch statt der frischen, kalten Luft, die zu Hause die Lungen füllt, atmet man Watte ein – warme, feuchte Watte mit einem Hauch von Patschuli. Die Tropen empfangen Sie mit schwül-heißer Umarmung, und Sie glauben im ersten Moment zu ersticken.

Die Fahrt ins Hotel führt durch die Vorstadt, vorbei an den Baracken der Armen, an stinkenden Abwasserkanälen, Müllhaufen, Tankstellen, Schrottplätzen. Der Verkehr wird mörderisch. Dieselgase und der Qualm von verbranntem Gummi steigen in die Nase, der Lärm pocht an die Trommelfelle. Die Menschen auf der Straße scheint es nicht zu stören. Geduldig wie die Lämmer warten sie am Straßenrand darauf, in einer der unbequemen Sardinenbüchsen auf Rädern mitgenommen zu werden.

Schon die ersten Bilder, Geräusche und Gerüche sind von der starken Art. Pastellfarben, Zwischentöne, Geruchskiller – das ist typisch für die nördlichen Breiten. Brasilien aber ist das Land des Kolorits und der Kontraste. Schauen Sie doch den Menschen in die Augen! Alle Farben des Regenbogens lachen zurück! Jeder Teint ist erlaubt! Die Farbskala der brasilianischen Haut reicht von fast Violett-Schwarz über Rot und Gelb bis zu Kalkweiß. Kaum ein anderes Land der Erde besitzt einen solchen ethnischen Reichtum.

Der Synkretismus, also die Vermischung der Rassen und Religionen, der Traditionen und Kulturen, zeichnet Brasilien aus. Dieses tropische Riesenreich ist wahrlich eine multikulturelle Gesellschaft. Von den Nachfahren deutscher Einwanderer, polnischer Siedler, italienischer Fabrikanten, spanischer Abenteurer, japanischer Kaffeepflücker,

Vom Corcovado genießt man die allerschönsten Blicke auf Rio. Im Hintergrund der Atlantik

Geschichtstabelle

Um 30 000 v. Chr.
Höhlenmalereien in Mato Grosso belegen menschliche Besiedlung auf dem Kontinent

1492 n. Chr.
Kolumbus entdeckt Amerika

1494
Vertrag von Tordesillas. Spanien und Portugal teilen die Welt unter sich auf

1500
Pedro Álvares Cabral erreicht am 22. April bei Porto Seguro die brasilianische Küste und nimmt das Land im Namen des Königs Manuel von Portugal in Besitz

1504
Das System königlicher Lehen, der Capitanias, wird eingeführt

1532
Erste portugiesische Siedlung bei São Vicente (Santos)

1537
Olinda wird gegründet. Festsetzung der Portugiesen in der Bucht von Rio

1556
Vertreibung französischer Freibeuter aus der Bucht von Rio

1624
Invasion der Holländer in Pernambuco. Sie bleiben 30 Jahre

1700
Beginn des Goldrauschs in Minas Gerais

1763
Rio de Janeiro wird Hauptstadt des Vizekönigreichs Brasilien

1808
König João VI von Portugal flüchtet auf englischen Schiffen vor Napoleon nach Rio

1822
Prinzregent Pedro ruft die Unabhängigkeit aus und wird zum Kaiser proklamiert

1840–89
Regierungszeit des Kaisers Pedro II. Öffnung und Modernisierung Brasiliens. Großgrundbesitzer und Militärs setzen ihn 1889 ab und rufen die Republik aus

1930
Getúlio Vargas putscht und errichtet einen korporatistischen Wohlfahrtsstaat

1956–1961
Präsident Juscelino Kubitschek. Brasília wird neue Hauptstadt

1964
Militärputsch. Regierung der Generäle bis 1985

1984
Bürgerinitiative für Direktwahl des Präsidenten

1985
Tancredo Neves, erster ziviler Präsident, stirbt vor Amtsantritt

1988
Neue demokratische Verfassung nach zwei Jahren Beratung verabschiedet

1998
Präsident Fernando Henrique Cardoso, bis 1994 Finanzminister unter seinem Vorgänger Itamar Franco, stellt sich im Herbst zur Wiederwahl

koreanischer Schneider, syrischer Händler und afrikanischer Sklaven bis hin zu den Kindern der Yanomami-Indianer, die soeben zum ersten Mal in ihrem Leben einen Mann mit Bart gesehen haben, spannt sich der Bogen. Und alles das im fünftgrößten Land der Erde, in das Europa leicht hineinpaßt und das vom Bergland Guyanas bis in die Pampa reicht, von den Anden bis an das Amazonasdelta, genauer gesagt: von 5 Grad nördlich des Äquators bis 34 Grad südlicher Breite und von 35 bis 74 Grad westlicher Länge.

Während »oben« am Amazonas und auch in Rio de Janeiro das Thermometer leicht auf über 40 Grad klettert, melden einige Bergstationen in den Bundesstaaten Paraná und Santa Catarina schon mal Rauhreif und Schneeglätte. Den klimatischen und landschaftlichen Kontrasten entsprechen die sozialen. Ein kluger Kopf hat das Schwellenland Brasilien einmal als »Bel-India« bezeichnet, als eine Kombination von Belgien und Indien. São Paulo gilt gemeinhin als die Lok, die die 25 Waggons der übrigen Bundesstaaten mitzieht. Mehr als die Hälfte der gesamten Industrieproduktion konzentriert sich in und um diese Megalopolis. Je weiter man nach Süden zieht, um so europäischer erscheint Brasilien.

»O Sul maravilhoso«, der herrliche Süden, sagen die Brasilianer, da »unten«, meinen sie, ist die Welt noch in Ordnung. Rio Grande do Sul, Santa Catarina und Paraná – diese drei Bundesstaaten haben ihr eigenes, anderes Gewicht und Gesicht, so daß man gelegentlich daran zweifeln

Erdstraße durch den Urwald

kann, ob sie überhaupt noch zu Brasilien gehören. Was den Brasilianern so außergewöhnlich am Süden erscheint, kommt dem europäischen Besucher oft wie eine vergilbte Kopie seiner eigenen Heimat vor. Ordentlich verläuft hier das Leben und sauber. Statt Apfelsinen werden Äpfel angeboten, statt schwarzem Kaffee grüner Matetee. Auf den Weiden stehen schwarz-bunte Kühe und nicht mehr die gewohnten Zeburinder. Kirchtürme künden die Dörfer an, die Namen tragen wie Freiburgo oder Nova Veneza. Hotel Schröder oder Padaria Müller können Sie im Vorbeifahren gerade noch entziffern.

Neben der engen Welt der deutschen, italienischen und polnischen Häusler in Paraná und Santa Catarina herrscht die Freiheit der Erde auf dem Sattel der Pferde. Die Gauchos sind die Herren der Pampa. Sie sprechen anders, sie leben anders, und sie ziehen die Stiefel kaum aus. Ihre Nahrung besteht aus Bergen von Fleisch *(churrasco),* und sie süffeln von morgens bis abends den *chimarrão,* den Matetee, mit einem Silberrohr aus einer Kalebasse. Richtige Gauchos tragen Reitstiefel, Stulpenhosen, eine breite Leibbinde, in der ein Hirschfänger steckt, kariertes Hemd, schwarzen Hut und die Gitarre. Silberketten, Halstücher und weit ausladende Schnurrbärte unterstützen das verwegene Aussehen dieser brasilianischen Cowboys.

Der Wilde Westen Brasiliens beginnt jenseits der Küstenkordillere. Je weiter man der untergehenden Sonne entgegenfährt, um so einsamer wird das Land und um so karger der rotbraune Boden, den meist nur schüttere Macchia bedeckt. Bis aus diesem Landmeer eine Fata Morgana aufsteigt: Brasília, die künstliche Hauptstadt, der Schreibtisch in der Steppe. 1000 Kilometer weiter nach Westen der Pantanal, das größte Sumpfgebiet der Erde, wieder 1000 Kilometer nach Norden der Amazonas, dieses gewaltige Flußsystem, eine amphibische Landschaft, die der Mensch an ihren Rändern schon schwer geschädigt hat.

Amazonien ist so groß und gewaltig, daß noch jeder Reisende mit einem Gefühl der Ehrfurcht vor der Natur zurückgekommen ist. Mehr als die Hälfte aller bekannten Lebensformen findet sich im tropischen Regenwald Amazoniens, darunter mehr als 50 000 verschiedene Blütenpflanzen. Auf jedem Hektar Regenwald können bis zu 600 verschiedene Baumsorten wachsen. Die üppige Vegetation der »Hyläa« täuscht Fruchtbarkeit vor, dabei ist sie jedoch nur eine Folge des biologischen Gleichgewichts in einem äußerst komplexen System. »Von außen gesehen gleicht der amazonische Urwald einer Anhäufung erstarrter Blasen, einem Turm grüner Schwellungen; es hat den Anschein, als litte die Flußlandschaft allenthalben unter einer pathologischen

Kleiner Markt am Hafen von Santarém

Schwarze Büffel auf der Ilha de Marajó im Amazonasdelta

Störung. Doch sobald man die Haut durchsticht und ins Innere dringt, verändert sich alles: Von hier aus gesehen erscheint diese wirre Masse als ein monumentales Universum. Der Wald ist keine irdische Unordnung mehr; eher konnte man ihn für die neue Welt irgendeines Planeten halten« (Claude Lévi-Strauss, »Traurige Tropen«).

Der Nordosten Brasiliens dagegen ist ein wüstes, archaisches Land. Ein Land des weiten Himmels und der kargen Erde. Das Land der *coronéis* (Obristen), der Honoratioren, Großgrundbesitzer und Viehbarone – strenger Herrscher über die Dörfer, den Hof und das Gesinde; Land der *doutores,* der Advokaten und Ärzte, die aus Gier, Tradition oder Langeweile um die Bürgermeisterposten würfeln; Land der Rebellen und Banditen, der Viehdiebe und der Wanderprediger, der Heiligen und Huren; Land der Ärmsten der Armen, der kinderreichen Landarbeiter, der landlosen Tagelöhner. Der schwere Mühlstein des Lebens, die Dürre und Hitze haben die Menschen geformt. Gleichen sie nicht den niedrigen, verkrüppelten Bäumen des Sertão?

Fünf Millionen Steppen- und Waldindianer müssen einmal auf dem Territorium gelebt haben, das heute Brasilien umfaßt. Im Gegensatz zu den Inkas von Peru und den Azteken Mexikos waren sie auf der Kulturstufe der Jäger und Sammler stehengeblieben und untereinander in viele hundert Völker mit eigenen Sprachen getrennt. Sie erlagen schnell dem Ansturm der gierigen europäischen Abenteurer und Kolonialsoldaten, die eigentlich nur ein Interesse hatten: El Dorado zu finden, das Goldland. In Brasilien fanden sie es jedenfalls erst einmal nicht. Pedro Álvares Cabral, der als erster Europäer seinen Fuß an die Küste setzte und das Land 1500 für die portugiesische Krone reklamierte, meldete enttäuscht nach Hause, daß man im »Land des Heiligen Kreuzes« nichts als Wälder

Tudo bem!

Mit »Tudo bem!« geht alles klar. Der rechte Daumen aufgereckt nach oben: »Tudo bem!« Am besten klopft man dem Partner dabei noch auf die Schulter, umarmt ihn sacht, haut ihm auf den Unterarm: »Tudo bem!« Selbst wildfremden Damen haucht man ein Küßchen rechts und links neben die Wangen: »Tudo bem!« Nach einem Verkehrsunfall sieht man schon mal den blessierten Passagier aus dem Autowrack krauchen, Daumen nach oben: »Tudo bem!« – »Alles klar!«

und Wilde gefunden habe. Mit dem Rotholz eines unscheinbaren Baums konnte man wenigstens Textilien färben: *pau brasil* nannte man es – und hinterher trug das ganze Land seinen Namen: Brasilien.

Was sollte man mit so einem wertlosen Stück Kontinent schon anfangen, dachten die Portugiesen. Die Niederländer zeigten es: Man konnte Zuckerrohr anpflanzen, denn das gedieh prächtig, und für süßes Naschwerk waren die Preise gut. Nicht im Traum hätte selbst der niedrigste iberische Soldat daran gedacht, im Schweiße seines Angesichts das Rohr selber zu pflanzen. Dazu hatte man doch die Eingeborenen. Die Indianer wurden zu Sklaven gepreßt – in wenigen Jahrzehnten starben sie an Krankheit, Hunger und Qual. Der erste Völkermord zog den zweiten nach sich. Um die dahinsiechenden Plantagen-Indianer zu ersetzen, verfielen die Pflanzer auf die Idee, afrikanische Sklaven zu importieren.

Mehrere Millionen schwarzer Arbeitstiere verschleppten die weißen Kolonisatoren in die Neue Welt, gar manches stolze Vermögen wurde mit dem transatlantischen Menschenhandel zusammengerafft. Und auf dem schweißtriefenden Rücken der Neger entstand eine tropische Gesellschaft von »Herrenhaus und Sklavenhütte«. Die Sklaverei wurde in Brasilien erst 1889 aufgehoben – vor wenig mehr als einhundert Jahren. Auch heute noch gilt trotz aller Blutsmischung: weiße Hautfarbe gleich oben/reich – schwarze Hautfarbe gleich unten/arm. Gottlob hat in Brasilien jedoch nie der arisch-europäische Rassendünkel gewütet. Die portugiesischen Entdecker und Eroberer sahen keinen Grund, die weibliche Schönheit gleich welchen Teints zu mißachten, wenn auch Padre Anchieta im 16. Jahrhundert darüber wettert, daß die schamlosen indianischen Weibsbilder die schreckliche Angewohnheit hätten, sich täglich mehrmals zu baden.

Afrika, Amerika, Europa – das sind die Wurzeln, aus denen der Brasil-Baum sprießt und viele Blüten trägt. Um so erstaunlicher ist es, daß dieses bunte Riesenreich durch das Band der portugiesischen Sprache zusammengehalten wird. Vielleicht liegt es daran, daß dieses Idiom biegsam wie eine Liane und offen wie ein Blütenkelch ist. »Brasilianisch« kann gut und gerne auf die steife Grammatik Portugals verzichten – nie aber auf die Koseform, die freundliche Floskel und die Neuschöpfung von Worten.

Wie die Sprache so der Mensch. Hautkontakt und Sinnenfreude sind das Lebenselixier der Brasilianer. Wer sich abschließt und auf seinem Recht beharrt, gilt als *chato,* als stur. Der beste Ort, um das phantasievolle Spiel der Gesten und Gebärden, den Flirt und Witz der Brasilianer zu beobachten, ist der Strand, die *praia,* oder die *praça,* der Platz vor der Kirche, das große Wohnzimmer im dörflichen Leben. Brasilianer sind die wahren Lebenskünstler unter den Erdenbewohnern. Noch der Ärmste der Armen hat das Lachen nicht verlernt – und das Tanzen schon gar nicht. *Sempre dá um jeito* – es gibt immer einen Ausweg. Die Schwejksche Lebensphilosophie des Durchwurstelns und der Improvisation spricht aus diesem Satz. *Jeito,* das ist das Wort, für das es keine deutsche Übersetzung gibt – so wie für Heimweh keine portugiesische. Mit dem *jeito* spielen Brasiliens Fußballkünstler, mit dem *jeito* wird der Polizist umgarnt, mit dem *jeito* zieht sich Brasilien täglich selber aus der Schlinge.

Im tropischen Klima sprießen zugleich an ein und demselben Baum die Knospen, strahlen die Blüten und fallen die Blätter ab. Vergangenheit, Gegenwart und Zukunft wachsen auf einem Ast. Der Zeitbegriff zerfließt. Was zählt, ist der Augenblick. Nordeuropäer sind da anders gestrickt: Sie müssen unwillkürlich immer an den nächsten Winter denken, ans Sparen, Zurücklegen und Planen. Für Brasilianer sind das lästige Angelegenheiten, die sie vom Leben – und das ist jetzt! – nur ablenken. Mit einem Satz: Europa wirkt wie ein großes Museum der Vergangenheit und Zukunft, Brasilien aber wie ein Zirkus des Lebens.

Badefreuden in Boa Viagem, dem Stadtstrand von Recife

Von Amazonas bis Zucker

Amerika, Afrika und Europa prägen das Land der weiten Horizonte

Alkohol

Den gießt man sich nicht nur hinter die Binde, sondern man füllt ihn auch in den Tank: Methylalkohol, gewonnen aus Zukkerrohr. Brasilien und Paraguay sind die einzigen Länder der Erde, in denen die Autos mit diesem nachwachsenden Bio-Treibstoff fahren. Man riecht es an den leicht süßlichen Nebelschwaden.

Amazonas

Als Francisco de Orellana anno 1542 das hungernde Häuflein seiner Kameraden in den Anden zurückließ, konnte er nicht ahnen, daß er als erster Europäer den Strom von seinen Quellen bis zur Mündung befahren würde. Die wilden Indianerinnen an seinen Ufern erinnerten ihn an die Amazonen aus der griechischen Sagenwelt. Das Amazonasgebiet hat eine Ausdehnung von rund vier Millionen Quadratkilometern, seine Flüsse bilden das größte Süßwasserreservoir, seine Wälder die größte biologische Datenbank und Klimamaschine der Erde.

Der Einbaum, traditionelles Transportmittel der Indianer, ist heute eine Touristenattraktion

Barock

Die portugiesischen Kolonisten bauten ihre Paläste und Kirchen so, wie sie es von daheim kannten. Bloß fehlte in der Regel das Geld, um dieselbe Pracht wie am Hof zu Lissabon zu entfalten. Der brasilianische Kolonialbarock zeichnet sich durch seine pionierhafte Rustikalität aus. Nur in Salvador da Bahia, Ouro Preto und Olinda kann sich die barocke Architektur mit ihren europäischen Vorbildern messen.

Brasilianer

160 Millionen Brasilianer. Jedes Jahr werden es knapp zwei Prozent mehr. Die meisten leben inzwischen in städtischen Gebieten, vorzugsweise im Süden. Alle Hautfarben sind vertreten, in erster Linie aber die hellbraune.

Copacabana

Der Name des wohl bekanntesten Stadtviertels von Rio de Janeiro. Es wurde erst in den 30er

Jahren des 20. Jhs. urbanisiert. Vorher gab es da nur die spitzen Giebel einfacher Bambushütten – woher der Name kommt.

Drogen

Brasilien gewinnt leider als Umschlagplatz für die harten Drogen (Kokain, Heroin) immer größere Bedeutung. In manchen Kreisen gilt es auch als chic, sie zu gebrauchen. Die Gewinner dabei sind eiskalte Mörderbanden, die das Rauschgiftgeschäft aus dem Hintergrund steuern.

Familie

Auf dem Land bietet die Großfamilie sozialen Schutz, den der finanzschwache Staat nicht gibt. Das große Elend in den Städten beruht nicht zuletzt darauf, daß die Landflucht die Familien auseinandergerissen hat und viele Millionen Menschen bindungs- und schutzlos auf sich allein gestellt sind. Die zahlreichen bettelnden Straßenkinder legen davon beredtes Zeugnis ab.

Favela

Nicht unbedingt ein (ursprünglich afrikanisches) Schimpfwort. Es bezeichnet nur eine Siedlung mit Schlichtbauten. Die »malerischen« Favelas an Rios steilen Berghängen sind nur eine Seite der Medaille und meistens bereits Mittelstandsquartiere. Die schlimmsten Barackensiedlungen finden sich weiter außerhalb des Zentrums – und nicht nur in Rio. Jede brasilianische Großstadt hat ihre Favelas.

Fernsehen

Das Fernsehen ist (auch) in Brasilien das einflußreichste Medium, das sogar jeder Analphabet versteht. Brasiliens Globo-TV-Konzern ist nach den US-amerikanischen Netzen das zweite Mattscheibenmammut auf der Erde. Besonders populär sind die »Telenovelas« (Fortsetzungsserien) und »Xuxa« (gesprochen: Schuscha), die blonde Fernsehfee der Kindersendungen.

Riesenbäume im Amazonasgebiet

Flora und Fauna

Die Tier- und Pflanzenwelt zeichnet sich durch großen Artenreichtum aus. Mit einer Nord-Süd-Ausdehnung über 39 Breitengrade hat Brasilien ganz unterschiedliche Vegetationsformen. Da sind die Sümpfe des Pantanal, der niedrige Trockenwald *(cerrado)*, das dürre Gebiet der Caatinga und der tropische Regenwald. Man unterscheidet die Wälder auf nicht überschwemmtem *(terra firme)* und auf zeitweilig überflutetem Gebiet (Várzeawälder), die fast ständig überfluteten Sumpfwälder (Igapówald) und den feuchten Regenwald im Küstengebiet. Die Wälder Amazoniens werden als größte genetische Datenbank der Erde bezeichnet. Das bezieht sich allerdings in erster Linie auf die Pflanzen und dann auf die stechenden Plagegeister, von denen die Wissenschaft erst den kleinsten Teil erforscht hat. Früher konnten die Kletteraffen sich noch quer durch Brasilien von einem Baum zum anderen hangeln. Die »Zivilisation« hat vom Urwald, einst 5 Mio. Quadratkilometer groß, nur noch kümmerliche Reste übriggelassen und sich bereits weit nach Amazonien hineingefressen.

Fußball
Fußball ist bekanntlich der Lieblingssport der Brasilianer. Schließlich sind sie vierfacher Weltmeister. Pelé, der schwarze Ballartist, wird wohl für immer als der allergrößte Fußballstar in die Geschichte eingehen. Vereine wie Flamengo oder Corintians sind auch außerhalb der Landesgrenzen bekannt.

Gewalt
Die zunehmende Gewalt *(violência)* ist ein ernstes Problem in den Millionenstädten Brasiliens. Experten sprechen in diesem Zusammenhang schon von einem nicht erklärten, stillen Bürgerkrieg. Seine Ursachen liegen im schreienden Elend und besonders im krassen Mißverhältnis von Arm und Reich. Hinzu kommt leider noch die Ohnmacht des Staates.

Goldgräber
Mehr als 400 000 Goldgräber wühlen vorzugsweise in Amazonien nach Gold – mit ihren Familien sind es einige Millionen Menschen, die mit Goldgräberei ein erbärmliches Dasein fristen. Wie der Luftraum, so ist auch der Untergrund in Brasilien gesetzlich frei zur allgemeinen Nutzung, deshalb können die Goldgräber auch auf Privatgrund buddeln – wenn sie den Besitzer am Gewinn beteiligen. Goldgräberei verursacht erhebliche ökologische Schäden und Krankheiten bei den Indianern.

Serra Pelada, einst die größte Goldmine Brasiliens

Indianer

Ursprünglich lebten wohl einmal rund 5 Millionen Indianer auf dem Gebiet des heutigen Brasilien. Übriggeblieben sind rund 200 000 Indianer in Amazonien, die sich untereinander kaum verständigen können. Riesige geographische, kulturelle und sprachliche Distanzen trennen die rund 800 größten Indianerstämme. Das macht ihre Verdrängung (und Vernichtung) durch die moderne Zivilisation noch leichter. Rund fünf Prozent des Staatsgebiets sind als Indianerschutzgebiete ausgewiesen. Aber wer will und kann das schon regelmäßig kontrollieren?

Inflation

Brasilien steckt in einem kaum zu durchbrechenden Teufelskreis aus Armut, Unterentwicklung und Inflation, machte aber trotzdem ab den 60er Jahren des 20. Jhs. eine rasante technologische Entwicklung durch und wandelte sich zum Schwellenland. Preis: eine hohe äußere und innere Verschuldung, die eine Hochinflation verursachte. Die Währungsreform, die 1994 durchgeführt wurde, hat die Inflation – mit einer krassen Überbewertung des Real und extrem hohen Zinsen – bisher überraschend wirksam bremsen können. An der sozialen Ungerechtigkeit änderte sie allerdings wenig.

Jeito

Ein Schlüsselwort in Brasilien. *Jeito* – das ist der Kniff, der Trick, der Ausweg und die Kunst, Unmögliches möglich zu machen. Ohne *jeito* funktioniert gar nichts. Deswegen heißt es: *Sempre dá um jeito* – es gibt immer eine Lösung. Man muß nur auf Gott vertrauen – denn: *Deus é brasileiro* – Gott ist Brasilianer.

Kaffeeverarbeitung

Kaffee

Die Kaffeebohne galt bis zum Ende des 19. Jhs. als das Hauptausfuhrprodukt Brasiliens. In den Bundesstaaten São Paulo, Espírito Santo und Minas Gerais liegen die größten Plantagen. Der Kaffeestrauch ist eine frostempfindliche Pflanze, die den Boden schnell auslaugt. Bis der Kaffee in die Tasse kommt, muß er einen delikaten Prozeß der Trocknung, Schälung und Röstung durchlaufen. Dabei haben die großen Kaffeemultis das letzte Wort.

Kakao

Wie Kaffee und Tee wirken die Alkaloide im Kakao auch belebend auf das Nervensystem. Das wußten schon die Indianer. Als der Kakao nach Europa kam, geißelte die Kirche das lästerliche Getränk, das sich aber gerade in den Klöstern schnell ausbreitete.

Belgische und schweizerische Manufakturen widmeten sich den Geheimnissen der Schokolade. Brasilien ist einer der größten Kakaoproduzenten der Welt.

Karneval
Der Karneval ist ein kultureller Kosmos Brasiliens. Es gibt nicht nur einen, sondern ein Dutzend Karnevals – etwa den von Recife, von Olinda, von Bahia und von Rio de Janeiro. Gemeinsam ist ihnen allen eine euroafrikanische Wurzel – einerseits die höfischen Maskenbälle und andererseits die Sklavenfeste. Die Vitalität der afrikanischen Linie setzte sich mit Rhythmen und bunten Phantasien durch – aber erst seit rund 50 Jahren. Karneval ist im Grunde die Apotheose der Lebensfreude, ungestüm, sinnlich, orgiastisch.

Kautschuk
Die Zeiten des Booms sind vorbei, aber das prächtige Opernhaus in Manaus kündet noch von den ungestümen Zeiten, als Millionenvermögen mit der *hevea brasiliensis* gemacht wurden. Als es den Engländern in Malaysia gelang, den Kautschukbaum in Plantagen anzubauen, brach der Markt in Brasilien zusammen. Vorbei war es mit Glanz und Gloria am Amazonas.

Landreform
Über die Landreform spricht man inzwischen bereits seit mehr als 100 Jahren – aber es geschieht nichts. Nach wie vor besitzen einige wenige reiche Familien das beste Land, und Millionen Landlose und Elende müssen sehen, wo sie bleiben. Durch brutale Konflikte um das Land sterben jedes Jahr mehrere hundert Menschen.

Lotterie
Die Brasilianer sind Hasardeure. Sie setzen auf den hohen, schnellen Gewinn. Wenn sie dabei verlieren, macht es ihnen nichts aus: Morgen ist auch noch ein Tag. Fast jeder Brasilianer spielt in der »Tierlotterie« *(jogo do bicho)*, die fest in den Händen der Halbwelt ruht. Offiziell ist dieses populäre Glücksspiel nämlich verboten und nur das staatliche Toto erlaubt – aber wer traut hier schon dem Staat?

Militär
Brasiliens Militär regierte von 1964 bis 1985, und Spötter behaupten, hinter den Kulissen tue es das noch immer. In einer so wenig organisierten Gesellschaft wie der Brasiliens spielt eine geschlossene Gruppe wie das Militär natürlich eine wichtige Rolle, weniger für die Landesverteidi-

Goldgräberlogik

José da Silva hatte sein Leben lang geschuftet und nach Gold geschürft, ohne je mehr als ein paar Kreuzer damit zu verdienen. Bis er eines Tages einen Klumpen Gold fand. Nun war er der reichste Mann auf der Welt. Das Geld tauschte er gegen Banknoten, die er alle an eine Schnur band. »Jahrelang bin ich hinter dem Geld hergelaufen. Nun soll endlich mal das Geld hinter mir herlaufen!« begründete José sein merkwürdiges Verhalten.

Die Marco Polo Bitte

Marco Polo war der erste Weltreisende. Er reiste in friedlicher Absicht, verband Ost und West. Er wollte die Welt entdecken, fremde Kulturen kennenlernen, nicht zerstören. Könnte er für uns Reisende des 20. Jahrhunderts nicht Vorbild sein? Aufgeschlossen und friedlich sollte unsere Haltung auf Reisen sein. Dazu gehören auch Respekt vor Mensch und Tier und die Bewahrung der Umwelt.

WWF

gung (Brasilien hat keine Feinde) als für die innere Ordnung. Doch auch die Generäle sind in erster Linie Brasilianer, und das heißt: freundliche, großzügige und sehr zivile Menschen.

Mulata

Brasilien exportiert seine Schönheit mit der Mulata in tropische Wäscheshows. Ihre hinreißende Sinnlichkeit und Musikalität ist nun mal einfach nicht zu übersehen. Aber das gilt auch für die Mulatos. »Schön und kaffeebraun sind nicht nur Brasiliens Frau'n …«. Mehr als ein Drittel der Bevölkerung sind Mulatten.

Rassismus

Brasilien ist stolz darauf, eine Rassendemokratie zu sein, und tatsächlich gibt es keine deutliche Diskriminierung der Menschen, bloß weil sie eine andere Hautfarbe haben. Aber eine soziale Taxierung der Menschen nach ihrem Teint geschieht sehr wohl.

Regenwald

Früher nannte man den tropischen Regenwald »grüne Hölle«. Dann bezeichnete man ihn als »Lunge der Erde«. Falsch ist beides. Aber richtig ist, daß der Regenwald für das Leben auf Erden eine ungeheure Bedeutung hat. Durch Landspekulation, Holzfällerei und Viehwirtschaft wurden inzwischen mehr als 15 Prozent des amazonischen Regenwalds zerstört. Internationale Proteste und Projekte führten zu einer Trendwende. Umweltfragen haben mittlerweile auch in Brasilien höchste Priorität.

Religion

Brasilien ist die größte christlich-katholische Region der Erde. Die Frömmigkeit ist im Volk tief verankert. Die brasilianischen Kleriker sind selbstbewußt, womit sich allerdings der Vatikan nur schwer abfinden kann. In Brasilien wurde die »Theologie der Befreiung« entwickelt – das heißt die Zuwendung der Kirche zu den Armen. Trotzdem bekennen sich inzwischen immer mehr Brasilianer zu protestantischen Sekten oder zu religiösen Afrokulten.

Samba

Samba ist der bekannteste der ursprünglich afrikanischen Rhythmen, die in immer neuen Varianten Eingang in die brasilianische Musik finden. Der Takt liegt den Leuten im Blut, Rhythmus und Musikalität sind Grundelemente der brasilianischen Kultur, wie sie in dieser Bedeutung in Europa nie vorhanden waren.

Saudade
Ein Wort, das man nicht übersetzen kann. Es bezeichnet ein Gefühl der Sehnsucht, Zuneigung, Liebe, des Heimwehs und auch manchmal der elegischen Traurigkeit. Ohne Saudade gibt es keine melancholischen Liebeslieder und kein Gitarrenakkord.

Sprache
Brasiliens Sprache ist das Portugiesische, das aber viel weicher und einfacher gesprochen wird als im Mutterland, ähnlich wie sich das Amerikanische vom Englischen unterscheidet. Verglichen mit Spanisch, klingt das brasilianische Portugiesisch ausgesprochen melodiös und sanft. Durch die fast französisch anmutenden Diphthonge (86 verschiedene machen es dem Ausländer schwer) ist die korrekte Aussprache für nordische Zungen nicht leicht zu erlernen, die Grammatik ist jedoch eher einfacher als im Spanischen, mit dem man sich in Brasilien notfalls auch durchschlagen kann.

Strände
800 Kilometer Atlantikstrände! Da findet sich für jeden Geschmack etwas. Die granitene Steilküste im Süden flacht sich nach Norden immer mehr ab und geht dann fast vollständig in eine Dünen-Lagunen-Landschaft über. Wo keine Riffe vorgelagert sind, muß man mit einer kräftigen Brandung rechnen.

Zucker
Das Zuckerrohr kam ursprünglich aus Arabien und über die portugiesische Insel Madeira nach Brasilien. Besonders die Holländer engagierten sich im Anbau des Zuckerrohrs auf Plantagen. Wegen der kostbaren Süßigkeit wurde ein regelrechter Völkermord an afrikanischen Sklaven betrieben. Die Herstellung des Zuckers aus dem Rohr bedarf relativ hoher Investitionen für Mühle, Raffinerie und Maschinenpark. Als die Europäer dazu übergingen, Zucker aus Rüben zu gewinnen, ging es mit den Zuckerbaronen in Brasilien bergab.

Die langen Stiele des Zuckerrohrs enthalten etwa 15 Prozent Zucker

Fleischberge vom Grill und süße Früchte

Zum Nachtisch darf das brasilianische Nationalgetränk, der schwarze und süße cafezinho, nicht fehlen

Das Riesenland Brasilien bietet in seiner Küche keine Riesenauswahl, dafür aber gigantische Portionen. Anders als in den benachbarten, spanisch beeinflußten Andenländern verbinden sich hier portugiesische mit indianischen und schwarzafrikanischen Traditionen. Die Fastfood-Kultur des großen Bruders aus dem Norden setzt sich in Brasilien gottlob nur sehr mühsam durch. Von Nord nach Süd und Ost nach West finden sich entlang der Landstraßen unzählige Churrascarias, die Buspassagiere und Ritter der Landstraße so gut versorgen, daß europäische Autobahnraststätten vor Neid und Scham erblassen müßten.

Saftiges Rindfleisch ohne Hormone (dafür gelegentlich zäh), brutzelnd frisch vom Grill – die Ober bringen es an großen Spießen ununterbrochen an die Tische und schneiden die gewünschten Portionen ab: Schulter, Nacken, Lende. Auch Hühnerkeulen und Schweinesteaks gehören dazu. Am Salatbuffet bedient man sich nach Belieben. Und das alles zu einem Pauschalpreis von umgerechnet 10 bis 20 Dollar. Eine solche Mahlzeit hält den ganzen Tag vor.

Deftig sind Brasiliens Nationalgerichte, und vor allem schätzt man große Portionen

Als Schwerstarbeiteressen muß man auch die *feijoada* bezeichnen, die vorzugsweise an Sonnabenden serviert wird. Ein deftiges Essen, das früher den Sklaven gereicht wurde und nun als Nationalgericht auch in die besten Restaurants Eingang gefunden hat: schwarze Bohnen, Schweinefüße und Schweineohren, Wurstscheiben und Rindfleischstücke, Orangen und Reis sowie gedämpfter, fein geschnittener Kohl. Ohne Zuckerrohrschnaps und viel Bier bringt man die Kalorienbombe kaum hinunter. Und meist stellt sich nach diesem reichlichen Mahl sofort eine ungeheure Schläfrigkeit ein, die bis zum Montag dauern kann.

Ein ausgesprochen traditionelles portugiesisches Gericht, das die Brasilianer sehr mögen, ist *bacalhau* (Stockfisch), der gewässert und gedünstet wird. Dem entspricht auf fleischlicher Basis

Auch auf kleinen Märkten gibt es ein vielfältiges Obstangebot

carne seca, luftgetrocknetes Rindfleisch, das besonders gern im Nordosten gereicht wird.

Rind, Schwein und Huhn liefern die Kalorien und das tierische Eiweiß, fast unbekannt ist Hammelfleisch. In Fernfahrerkneipen oder auf dem Land kann man gelegentlich solche exotischen und verbotenen Braten wie die vom Gürteltier oder Krokodil schmecken.

Churrasco und *feijoada* – die beiden im ganzen Land verbreiteten Gerichte – lassen schon ahnen, daß im tropischen Brasilien leichte Salate und klimagerechte Schonkost eher Mangelware sind. Pioniere und Sklaven hatten keine Zeit für Canapés und Spargelcreme. Anders liegen die Dinge bei den Regionalküchen der europäischen Einwanderer und dort, wo Fisch und Meeresgetier vorhanden sind.

Eine besondere Stellung aber nimmt die afrikanische Küche von Bahia ein. Sie ist auch eine Küche der Armen, die mit viel Improvisation aus den vorhandenen Grundnahrungsmitteln ein Höchstmaß an Geschmack herauszukitzeln weiß.

Die afrikanisch geprägte Küche Bahias hat nicht nur zahlreiche köstliche Gerichte mit phantasievollen Namen wie *pé-de moleque* (Knabenfuß), eine Süßspeise aus Kokosflocken, oder *bobo de camarão,* Garnelen mit Mandioka, Cashewnüssen und Kokosmilch, hervorgebracht, sondern den brasilianischen Speisezettel vor allem mit scharfen und erfrischenden Kombinationen bereichert, die die zumeist gewürzarme portugiesische Küche nicht kannte.

Die Hauptgerichte der bahianischen Küche sind der *caruru,* der *vatapá,* der *efó,* der *aracajé* und die *moqueca.* Letztere ist ein Sud aus Krabben und Gemüse, gewürzt mit Pfeffer, dem rötlichen Palmöl *(dendê)* und Kokosmilch. Die Kokosnuß spielt als Rohstoff bei den Dutzend süßen Köstlichkeiten der bahianischen Desserts eine besondere Rolle. *Cocada* (Kokosraspeln) in vielen Variationen und kleine süße Puddings gehören als Nachtisch zu den scharfen Hauptgerichten.

Brasilien ist das Paradies der Fruchtsäfte. In fast jeder Stadt finden Sie einen Saftladen, der mehr als ein Dutzend unbekannter tropischer Früchte in den Becher mixt. Probieren Sie ruhig einmal die *sucos* aus den vielen verschiedenen Früchten. Die Auswahl ist groß:

abacate Avocado (süß)
abacaxi Ananas
beterraba rote Rübe
caju Cashew
cacau Kakao
cana Zuckerrohr
caqui Kaki

Lukullische Spezialitäten

cenoura Möhre
coco Kokosnuß
goiaba Guave
graviola eine gelbe, außen grüne Frucht aus dem Nordosten
laranja Orange
lima Limonenart
limão Limone
mamão Papaya
maracujá Passionsfrucht
melancia Wassermelone
pêssego Pfirsich

Mit Milch gemixt, wird aus dem Fruchtsaft *vitamina.*

Auf dieser breiten tropischen Fruchtbasis beruhen auch das köstliche Speiseeis und die mit Zuckerrohrschnaps angereicherten *batidas.*

Wer es herber möchte, dem seien die recht guten brasilianischen Weine empfohlen. Der deutschen Zunge munden besonders die trockenen Tropfen der Marke Almadén – Riesling und Cabernet.

Die alkoholische Krone aber gehört der Caipirinha, die man zu jeder Gelegenheit trinken kann: Einige Limonen werden zerschnitten und zerstampft, ein bis drei Löffel Zucker darüber, dazu eine kräftige Dosis Zuckerrohrschnaps *(cachaça* oder *pinga),* Eiswürfel – fertig. Als Gegenmittel empfehlen wir brennend heißen, süßen *cafezinho.*

Ritter der Landstraße

Die Ritter der Landstraße, die mit ihren großen Lkw-Zügen Stadt und Land versorgen, haben ihre eigene Philosophie, die nicht selten kurz und knapp die Schmutzfänger ziert:
»Die erste Illusion im Menschenleben – der Schnuller«
»Wer sich mit Hunden einläßt, kriegt Flöhe«
»Gott heilt, und der Arzt stellt die Rechnung«
»Frauen sind wie Steaks – erst geklopft sind sie zart«
»Wer am Steuer einschläft, wacht im Himmel auf«

Weiße Spitzen aus schwarzer Hand

Echte Volkskunst, die noch nicht im Museum zu finden ist, sondern auf den Märkten

Brasilien ist ein junges Land, und der Pioniergeist der offenen Grenze ist viel wichtiger als Tradition und Tafelsilber. Was man an schönen und interessanten Sachen in Brasilien kaufen und mit nach Hause nehmen kann, sind zumeist Dinge, die eher durch Ursprünglichkeit und Kreativität auffallen als durch handwerkliche Tradition – mit Ausnahme der indianischen Arbeiten. Dafür empfehlen sich die Läden der staatlichen Indianerorganisation FUNAI. Zu festen Preisen findet man dort eine reiche Auswahl von Federschmuck und Ketten, Körben und Kalebassen. Auf jedem Artikel ist die Stammesherkunft vermerkt.

Wer Edel- und Halbedelsteine kaufen möchte, sollte sich sehr gewissenhaft kundig machen. Dem Straßenhändler mit dem garantiert echten Diamanten in der Faust ist eher nicht zu trauen. Aber auch sich vornehm gebende Juweliergeschäfte sind keineswegs immer reputierlich. Jede Region Brasiliens hat ihr besonderes Kunsthandwerk. Ob es sich um naive Malerei handelt, Blechspielzeug aus alten Konservendosen, Lehmfiguren von Caboclos, Klöppelarbeiten der Landfrauen aus dem Nordosten, Spitzenstoffe, Holzdrucke, Musikinstrumente, Schmuck aus Muscheln, Hängematten oder Lederwaren. Die Kreativität der Künstler aus dem Volk ist immer wieder erstaunlich. Brasilianische Volkskunst ist in Europa noch so gut wie unbekannt.

Wie in allen tropischen Ländern gehört Handeln zum Ritual des Einkaufs außerhalb des Geltungsbereichs der Supermärkte. Dabei geht es weniger um Heller und Pfennig, sondern eher darum, ein Schwätzchen zu halten, einen Witz anzubringen, den Handelspartner ein wenig kennenzulernen, also den Waren-Geld-Austausch zu humanisieren. Lachen ist das beste Argument. Bloß nicht verbiestert herumfeilschen! Und bitte nicht nach dem abgeschlossenen Handel das Geld nachzählen! Es wäre eine Beleidigung für den Verkäufer, wo man sich doch beim Handel so nahegekommen ist!

Überall findet man Straßenhändler

König Karneval regiert

Das Leben – ein einziges Fest!
Die Brasilianer verstehen es zu feiern

Kein anderes Volk der Erde ist dem Glück des Augenblicks so zugewandt wie das brasilianische. Die Fähigkeit, die triste Vergangenheit und die düstere Zukunft zu vergessen und der Gegenwart das Beste abzugewinnen, ist das Geheimnis der brasilianischen Seele.

Und Grund zum Feiern findet sich immer: mit ein paar Gläschen Bier, brutzelnden Fleischbrocken auf dem Grill und der Gitarre in der Hand. Dann wird gesungen und musiziert, und niemand käme auf die Idee, die Polizei wegen Ruhestörung zu rufen. Die Feste sind den Brasilianern heilig, und die Heiligen feiern Feste. Jede Stadt hat ihren Schutzpatron, dessen Namenstag ausgiebig gefeiert wird. Der Kirchenkalender, die afrobrasilianischen Kulte und die nationalen Feiertage sind nur der äußere Rahmen für die tropische Lebenslust.

Pomp und Glitter gehören zum Karneval in Rio de Janeiro, dem nationalen und internationalen Fest der Lebensfreude

GESETZLICHE FEIERTAGE

1. Januar – *Neujahr*
Karfreitag/Ostersonntag
21. April – *Tiradentes (Revolutionstag)*
1. Mai – *Tag der Arbeit*
Fronleichnam
7. September – *Unabhängigkeitstag*
12. Oktober – *Nossa Senhora Aparecida (Fest der Mutter Gottes)*
2. November – *Allerseelen*
15. November – *Ausrufung der Republik*
25. Dezember – *Weihnachten*

FESTE

Januar

1. Januar: *Salvador da Bahia, Schiffsprozession*
Eine riesige bunt geschmückte Flotte legt beim Mercado Modelo ab und schippert zur Kirche Boa Viagem, um dem Schutzpatron der Fischer und der Reisenden zu huldigen. Vor der Kirche entwickelt sich dann ein turbulenter Jahrmarkt mit Musik, Schwof und Capoeira, dem akrobatischen Kampftanz der ehemaligen Sklaven.

MARCO POLO TIPS FÜR FESTE

1 Karneval in San Salvador da Bahia und Rio de Janeiro
Laut, bunt und unwiderstehlich (Seite 28 und 29)

2 Silvester an der Copacabana
Eine Massenorgie, wie nur diese Stadt sie feiern kann (Seite 29)

3 Ostern in Ouro Preto
In der barocken Goldstadt wird während der ganzen Karwoche pompös und traditionell gefeiert, am Ostersonntag sind die Straßen ein einziger Blumenteppich (Seite 29)

Ende Januar: *Salvador da Bahia, Lavagem do Bonfim*
Die ganze Stadt ist auf den Beinen, um dabeizusein, wenn die weiß gekleideten Mütter der afrikanischen Kulte Candomblé, Macumba und Umbanda die Basilika von Bonfim mit Wasser und Parfüm waschen und mit Blumen schmücken. Ein rauschendes Volksfest schließt sich an.

Februar/März

2. Februar: *Fest der Meeresgöttin Jemanyá*
Die Anhänger der Afrokulte ziehen im Festtagsstaat zu den Stränden, besonders von Bahia und Rio, um der Meeresgöttin und dem Symbol der Fruchtbarkeit Jemanyá zu opfern. Macumba-Trommeln, Trance und Taufen im Meer. Blumenbeladene Boote schwimmen hinaus aufs Meer.
Karneval: 14.–15.2.1999 (immer So und Mo vor Aschermittwoch)
Der brasilianische Karneval leidet unter vielen Klischees. Das schlimmste verbreitet das Fernsehen. Der unbefangene TV-Zuschauer mag glauben, es handle sich um eine Pornoshow. Nackte Busen und »Bum-Bums« (so nennt man in Brasilien klar und plastisch den Allerwertesten) gehören schon dazu, aber nicht ausschließlich. Im brasilianischen Karneval explodiert die Lebensfreude auf exhibitionistische Art. Mit ganz eigenen Regeln – und die sind von Stadt zu Stadt verschieden. In Belém und Recife tanzt das Volk auf den Straßen zum Rhythmus des *Frevo,* einer schrägen, karibischen Musik, deren Schritte einfach aussehen, aber fürchterlich kompliziert sind. Das Kostüm beschränkt sich auf Badesachen. In den Gassen von Olinda hat der Karneval einen fast intimen, nachbarschaftlichen Charakter. Laut ist die Musik natürlich auch hier.

★ Bahias Straßenkarneval besteht aus einer drei Tage und drei Nächte dauernden Fete, die weltweit ihresgleichen sucht. Wer daran teilnehmen möchte, muß schon starke Nerven haben und sich auf das leichteste Kostüm beschränken: auf Badehose und Tennisschuhe (auch, um das Geld zu verstecken), die man am Aschermittwoch in die Mülltonne werfen kann. Der Sound peitscht aus den *trios elétricos,* fahrbaren Mammut-Musiktruhen, auf deren Dach sich die Band abrackert.

Der Karneval von Rio de Janeiro hat die Straße verlassen und sich in die vornehmen Klubs verkrochen. Nun defiliert er in der größten, buntesten, aufregendsten Show der Welt durch das ★ Sambódromo. Die Eintrittspreise dafür sind gesalzen, aber sie lohnen sich. Unten vor den Tribünen tanzt das Volk der Favelas, in dieser einen Nacht das reichste Volk der Welt. Jung und alt, hübsch und häßlich, der Triumph des Lebens und der Lust über Leid und Frust. Ein ergreifendes, geradezu metaphysisches Schauspiel, dessen unerfreuliche Begleiterscheinungen (Überfälle usw.) nichts daran ändern, daß der Karneval von Rio der schönste Jubel der brasilianischen Seele ist.

März/April

Ostern: *Semana Santa in Minas Gerais*
Die Menschen im Bergland zelebrieren ganz besonders große und fromme Prozessionen, eindrucksvoll vor allem in ★ Ouro Preto. Man schmückt das Pflaster der steilen Gassen mit Blumengirlanden oder Farbteppichen aus Sand. Vor den Kirchen führen Laiendarsteller die biblische Leidensgeschichte mit echten Pappschwertern und schnaubenden Rössern auf.

Mai/Juni

Pfingsten: *Festa do Divino*
Im brasilianischen Hinterland, besonders in Pirenópolis, Anlaß für eine Reihe von lokal sehr unterschiedlichen Festen religiösen Ursprungs: rituelle Tänze, Reiterturniere (»Mauren« gegen »Christen«) und Massenspeisung aus der Gulaschkanone.

Juni: *Festas Juninas*
Die Sonnenwende wird begrüßt – Grund, um mit den Nachbarn bei Bier und Schnaps und dem unvermeidlichen Grill zu feiern.

23. Juni: *Bumba meu boi*
Der *boi,* ein Pappmaché-Ochse, kämpft gegen das ganze »Gesinde« und die tumben »weißen Herren« einschließlich des Herrn Doktor, des Herrn Oberst und des Pfaffen. Das ländliche Fest aus dem Nordosten ist ein herrlicher Schabernack.

Oktober

Oktoberfest in Blumenau
Eine Kopie des Münchner Oktoberfestes, aber immerhin eine gelungene. Aus ganz Brasilien strömt das Volk heran, um einmal »teutonisch« zu feiern: Samba mit Blaskapelle, eine besonders synkretistische Erfindung.

Círio de Nazaré in Belém
Abertausende Sünder ziehen an einem Tau zur Kirche, um Gelübde abzulegen und Buße zu tun.

Dezember

Weihnachten
Man feiert schlicht und einfach im Familienkreis. Aber die Kirchen sind mit schönen Krippen geschmückt. Und im Fußballstadion von Rio schwebt der Weihnachtsmann mit dem Hubschrauber vom Himmel herab.

Silvester an der Copacabana
★ Bei klassischer Musik mit vielen tausend Phon zieht es Millionen an den Strand zum Schwof und zu den Macumba-Zeremonien. Weiße Kleidung ist Pflicht. Viele tausend Kerzen flackern im Sand, und ein Riesenfeuerwerk bricht los. Die Müllmänner von Rio haben am 1. Januar ihren härtesten Tag.

Das Wunder einer Bucht

Luxusstadt und Elendsquartier – Rio de Janeiro ist immer noch ein Magnet

Bereits einer der ersten europäischen Besucher der Bucht von Rio de Janeiro (**118/C–D6**) war so begeistert von der natürlichen Schönheit des Ortes, daß er ins Logbuch schrieb: *Tudo és graça que dela pode dizer.* »Welch eine Anmut geht von dieser Bucht aus!« Kapitän Tomé de Souza war kein Schwärmer, sondern der Generalgouverneur der ersten Capitanias, ein Bastard aus einem der edelsten Häuser Portugals, der bereits in Asien sein Talent als Feldherr und Staatsmann bewiesen hatte. Seine Aufgabe war es, die Schlupfwinkel französischer Freibeuter auszuräuchern und strategisch wichtige Punkte zu befestigen, seit die Portugiesen 1500 bei Porto Seguro gelandet waren.

Entdeckt worden war der Platz von den Portugiesen im Jahr 1502 – oder vielleicht ein Jahr früher? Da streiten sich die Historiker. Weil die Entdecker die Guanabara-Bucht für eine riesige Flußmündung hielten, tauften sie sie Rio de Janeiro,

Der Strand von Ipanema/Leblon mit Blick auf die »Zwei Brüder«

Hotel- und Restaurantpreise

Hotels
Kategorie 1: über 100 Mark
Kategorie 2: 30 bis 100 Mark
Kategorie 3: bis 30 Mark
Die Preise gelten für eine Person im Doppelzimmer mit Frühstück pro Nacht.

Restaurants
Kategorie 1: über 40 Mark
Kategorie 2: 20 bis 40 Mark
Kategorie 3: unter 20 Mark
Die Preise gelten für ein Essen mit Vor-, Haupt- und Nachspeise inklusive eines Getränks.

Wichtige Abkürzungen

Al.	*Alameda* (Allee)	**Ed.**	*Edifício* (Gebäude)
Av.	*Avenida* (Straße)	**P.**	*Praça* (Platz)

Januarfluß. Mit Hilfe der Indianer konnten die Portugiesen verhindern, daß französische Freibeuter den Naturhafen in die Hand bekamen. Doch erst im 18. Jh. wurde Rio der wichtigste brasilianische Handelsplatz und überflügelte Salvador da Bahia.

Gold aus Minas Gerais und Kaffee aus dem Hochland waren wichtigere Ausfuhrprodukte als der Zucker geworden. Der Hafen von Rio lag näher an diesen Quellen. Als Napoleon Portugal besetzte und der Lissabonner Hof samt Gesinde nach Brasilien flüchtete, wurde Rio de Janeiro die Hauptstadt »beider Portugal« und nach der Unabhängigkeit die Hauptstadt des Kaiserreichs Brasilien.

Während Europa in Kriegen verblutete, funkelte der »Stern von Rio« wie nie zuvor. Stefan Zweig, der Bestsellerautor der 1930er Jahre, wählte sich Petrópolis bei Rio als Exil und widmete Brasilien ein hymnisches Buch (»Brasilien – Land der Zukunft«). Er schildert Rio de Janeiro so: »Ihre Schönheit läßt sich kaum wiedergeben. Denn hier hat die Natur in einmaliger Laune von Verschwendung von den Elementen der landschaftlichen Schönheit alles in einem engen Raum zusammengedrückt, was sie sonst sparsam auf ganze Länder verteilt. Hier ist das Meer, aber Meer in allen seinen Formen und Farben, grün anschäumend am Strand von Copacaba-

MARCO POLO TIPS FÜR RIO

1 Zuckerhut
Über- und Einblick in die Stadt mit lustiger Seilbahnfahrt und Erinnerungsfoto (Seite 35)

2 Corcovado
Keine Wiederholung von 1, sondern ein noch weiterer Blick über die phantastische Landschaft von Stadt und Bucht (Seite 34)

3 Copacabana
Bummel am größten Stadtstrand der Welt mit Bad in den Wellen des Atlantiks (Seite 41)

4 Canecão
Música popular brasileira – die nationale Bühne der Musikstars vor 1700 Zuhörern (Seite 39)

5 Karneval
Im Sambódromo und dem Taumel der Begeisterung: ein Blick in die brasilianische Seele (Seite 29)

6 Confeitaria Colombo
Nach einem Bummel durch die Innenstadt der richtige Ort, um die Füße auszuruhen (Seite 36)

7 Paquetá
Tagesausflug mit Schiff in die Bucht und auf eine idyllische Insel ohne Autos (Seite 40)

8 Parati
Wochenendausflug in ein schmuckes Kolonialstädtchen an der »Grünen Küste« mit Badevergnügen (Seite 40)

Bunt und laut geht es zu, wenn in Rio ein Sambafest gefeiert wird

na von der unendlichen Ferne des Ozeans ... und dann wieder in der Bucht glatt und blau an den flachen Sandstrand sich schmiegend oder die Inseln zärtlich umschließend ... überall ist die Natur eine überschwengliche und doch harmonische; und inmitten der Natur die Stadt selbst, ein steinerner Wald – eine Luxusstadt, ein Elendsquartier, eine Hafenstadt. Und über allem ein seliger Himmel, tiefblau des Tags wie ein riesiges Zelt und nachts besät mit südlichen Sternen; wo immer der Blick in Rio hinwandert, ist er von neuem beglückt.«

Die letzten 30 Jahre haben Rio de Janeiro (8 Mio. Ew.) arg gebeutelt. Armut und Elend haben sich wie Krebsgeschwüre aus den sumpfigen Barackenstädten bis weit in die Stadt und selbst an die Copacabana vorgeschoben. Unfähige und korrupte Politiker haben der Stadt buchstäblich jede Zukunft verbaut. Es ist schon erstaunlich, wie die Menschen diese von der Natur so sehr begnadete Stadt verschandeln und verdrecken. Und trotzdem bietet das tropische Rio de Janeiro immer noch ein urban-maritimes Schauspiel, das in keiner anderen Metropole auf der Welt zu finden ist.

BESICHTIGUNG

Urbane Höhepunkte

Wenigstens einen Tag lang sollte man sich im alten Zentrum von Rio umsehen. Gute Nerven und offene Augen sind angebracht. Langsam, aber sicher wird die Altstadt zu einer einzigen großen Favela. Hinter den schönen verschnörkelten Fassaden der Gründerzeit liegen nicht selten Trümmergrundstücke oder aber Parkplätze, was auf dasselbe hinausläuft. So wie der Seilbahntrip auf den Zuckerhut gehört eine Fahrt mit Rios einziger Straßenbahn zum unverzichtbaren Teil eines Stadtbesuchs. Mit der Elektrischen zuckeln Sie durch schöne alte Viertel langsam in kühlere Berggefilde. Rings um den

Largo Carioca und die Praça 15 de Novembro brodelt das Leben. Lassen Sie die Welt in einem der Straßenrestaurants vor dem Stadttheater an sich vorüberziehen.

Botanischer Garten (O)
Eine Oase der Ruhe in der quirligen Stadt und der richtige Ort für Verliebte und Liebhaber der tropischen Natur, die hier ordentlich und sauber wächst – so, wie man den Dschungel von den Bildern des Zöllners Rousseau her kennt. *Di–So 8–17.30 Uhr, Rua Jardim Botânico 920, Tel. 021/ 2 74 82 46*

Convento de Santo António (U/C 4)
Das Franziskanerkloster, eines der ältesten im Land, ruht mitten in der Stadt über dem Largo Carioca. Die Kirche wurde im 17. Jh. errichtet und besitzt einen Chor mit reicher Schnitzerei. An die Kirche und den erhöhten Vorplatz, den »Balkon von Rio«, angelehnt, befindet sich die bedeutendere *Igreja da Ordem Terceira de São Francisco de Penitência,* deren Innenraum ganz mit vergoldeten Schnitzereien überzogen ist. *Largo Carioca*

Corcovado (O)
★ Segnend breitet der Art-déco-Christus seine Arme über die Stadt. Vom 704 m hohen Corcovado genießt man ein geradezu göttliches Panorama. »Gott hat die Welt in sieben Tagen erschaffen, aber am achten Tag widmete er sich ganz allein Rio de Janeiro«, sagen die Cariocas stolz, und wer je auf dem Corcovado war, der kann das bestätigen. Hoch kommt man mit der Zahnradbahn oder über eine Autostraße durch den Bergwald. *Rua Cosme Velho 513, tgl. 8 bis 18.30 Uhr, Tel. 021/2 85 25 33, Fahrt einfach ca. 5 Dollar*

Christus-Statue auf dem Corcovado

Mosteiro de São Bento (U/D 1)
Die Kirche des Benediktinerklosters gegenüber der Ilha das Cobras, dem Arsenal der Marine, gilt als eines der schönsten Gotteshäuser von Rio und eines der bedeutendsten Gesamtkunstwerke des lusitanisch-brasilianischen Barocks. Als man 1589 mit dem Bau begann, mußte erst ein Damm durch das Sumpfgebiet gelegt werden. Im Inneren prunken reiche vergoldete Schnitzereien an Wänden und Altären. Ein dunkel-kühler Hort der Stille im Trubel der Stadt. *So um 10 Uhr Messe mit gregorianischem Choral, zu besichtigen 14.30 bis 17.30 Uhr, Morro de São Bento*

Nossa Senhora da Candelária (U/D 2)
Bis zum Bau der neuen Kathedrale (1976) die größte Kirche Rios, wirkt sie heute klein, umgeben von Hochhäuserfluchten und umtost vom Verkehr. Der Marmor wurde eigens aus Italien importiert. *Av. Getúlio Vargas*

Nossa Senhora da Glória **(O)**
In der hübschen kleinen Kirche oberhalb der Bucht von Flamengo werden gerne Hochzeiten gefeiert. Interessant sind vor allem die Azulejos, Fliesenbilder mit biblischen Szenen aus dem 18. Jh. *P. Nossa Senhora da Glória*

Paço Imperial **(U/D 3)**
Das älteste Regierungsgebäude von Rio, 1743 erbaut, diente den Kolonialgouverneuren als Residenz, bis sich die königliche Familie auf der Flucht vor Napoleon aus Lissabon kommend dort einnistete. Doch das düstere Gemäuer schien den Herrschaften nicht komfortabel genug zu sein. So erbaute man bald in der Quinta da Boa Vista ein anderes Stadtschloß, dazu das Sommerschloß in Petrópolis hoch in den Bergen. Heute finden im ehemaligem Stadtpalais Konzerte und wechselnde Ausstellungen statt. Davor wird täglich ein Markt für Lederwaren, Schmuck und Kleider abgehalten. *P. 15 de Novembro*

Zuckerhut **(O)**
★ Er ist das phallische Wahrzeichen der Stadt. *Pão de Açúcar* (Zuckerbrot) nennen ihn die Brasilianer. Der Zuckerhut ist ein 394 m hoher Granitblock, der jäh aus den Fluten emporragt und quasi den Torpfosten zum Eingang der Bucht von Guanabara bildet. Hinauf kommt man in zwei Etappen mit der Drahtseilbahn. Besonders eindrucksvoll ist der Blick über die Stadt und die Bucht bei tiefstehender Sonne. Nicht selten krönt ein Wölkchen das Wahrzeichen der Stadt. *Tgl. 8–22 Uhr, Teleférico Pão de Açúcar, Tel. 021/5 41 37 37, Hin- und Rückfahrt ca. 10 Dollar*

MUSEEN

Rio ist nicht unbedingt eine Stadt, die zu Museumsbesuchen auffordert. Wann ist der Himmel schon mal so verhangen, daß keine bessere Alternative bleibt?

Museu Chácara do Céu **(O)**
Auf auf einer malerischen Anhöhe in Santa Teresa gelegen. Privatsammlung moderner Meister. *Mi–So 12–17 Uhr, Rua Murtinho Nobre 93*

Museu da República **(O)**
Das Museum im 1858 erbauten alten Präsidentenpalast Catete zeigt Exponate aus der jüngsten Geschichte Brasiliens. *Di–So 12 bis 17 Uhr, Rua do Catete 153*

Museu Histórico do Exército **(O)**
Alle, die an der Copa wohnen, haben es vor Augen: das neu eingerichtete Militärmuseum im Forte de Copacabana. *Di–So 10 bis 16 Uhr, P. Cel. Eugênio Franco 1*

Museu Histórico Nacional **(U/F 1)**
In einem dem Thema entsprechenden kolonial-kaiserlichen Gemäuer. *Di–Fr 10–17, Sa und So 14–18 Uhr, P. Marechal Âncora*

Museu Nacional de Belas Artes **(U/D 4)**
Ein reicher Fundus der Malerei des 19. Jhs. und einige berühmte Werke der brasilianischen Moderne. Für Kunstfreunde ein Muß. *Di–Fr 10–18, Sa und So 14 bis 18 Uhr, Av. Rio Branco 199*

RESTAURANTS

Urige Altstadtlokale (die am Wochenende meist geschlossen sind), die Strandrestaurants der

Copacabana mit den leichten Mädchen am Nebentisch, die Schickimicki-Pinten von Ipanema – Rios Gastronomie bietet viel, auch wenn sie nicht an das Niveau von São Paulo heranreicht.

Bar Luíz **(U/C 4)**
Bierkenner versichern, daß hier der frischeste Stoff aus den Hähnen läuft. Treffpunkt der Geschäftsleute zu Mittag, um deftig-deutsches Essen zu konsumieren. *Tgl. außer So 11–23.30 Uhr, Rua da Carioca 39, Tel. 021/ 2 62 69 00, Kategorie 2*

Café do Teatro **(U/D 4)**
In den Katakomben des Stadttheaters, die mit assyrischem Design ausgestattet sind, bei leiser Pianomusik und Kerzenschimmer zu Mittag speisen. Der richtige Ort, um große geschäftliche Transaktionen in der City vorzunehmen – aber mit Schlips und Kragen braucht man trotzdem nicht zu erscheinen. *Mo–Fr 11 bis 16 Uhr, Av. Rio Branco, Tel. 021/ 2 62 41 64, Kategorie 2*

Churrascaria Porcão **(O)**
Großes Büffet und besonders saftiges Fleisch. *Tgl. 11.30–2 Uhr, Ipanema, Rua Barão da Torre 218, Tel. 021/5 22 09 99, Kategorie 2*

Confeitaria Colombo **(U/C 3)**
★ Über die enge Gasse Rua do Ouvidor (früher einmal vornehmste Adresse der Hutmacher und Weißwarenhändler) stoßen wir an der nächsten Ecke auf die ebenfalls schmale Rua Gonçalves Dias und in ihr auf die Confeitaria Colombo, eine Institution der Cariocas seit 1894. Die gigantischen Spiegel an den Wänden wurden eigens aus Belgien herangeschafft. Mit einem winzigen Aufzug gelangt man auf die Galerie, um dort bei einer Flasche guten Bohemia-Biers (Hausmarke), brasilianischen Speisen oder nur einer Kleinigkeit wie »Romeo und Julia« (Minas-Käse mit Guavengelee) von Rios Belle Époque zu träumen. Damals, als es weder die Copacabana noch die Favelas gab. *Mo–Fr 8.30–19, Sa 8.30–13 Uhr, abends geschl., Rua Gonçalves Dias 32–36, Tel. 021/ 2 32 23 00, Kategorie 2*

Grottamare **(O)**
Alle Fischliebhaber und Freunde italienischer Küche sind in Ipanema bestens bedient. Achten Sie darauf, einen Tisch im rückwärtigen Teil zu bekommen – vorn ist es ungemütlich laut. *Mo bis Fr 19–1, Sa und So 12–1 Uhr, Rua Gomes Carneiro 132, Tel. 021/ 5 23 15 96, Kategorie 2*

Großer Onkel

Die Cariocas, die Bewohner von Rio de Janeiro, nehmen die Welt einfach nicht ernst, beklagen sich die Paulistas (die Bewohner von São Paulo) zumindest. Bei den Kommunalwahlen erlaubten sich ein paar Spaßvögel den Scherz, »Tião«, den »großen Onkel«, für das Rathaus vorzuschlagen. Und prompt erhielt er die dritthöchste Stimmenzahl. Es nützte nichts – 1997 starb er hinter Gittern – im Zoo. Denn der »große Onkel« war ein strammer Schimpansenmann. Jetzt »kandidiert« sein Nachfolger »Pipo«.

Ouro Verde (O)
Im gleichnamigen Hotel an privilegierter Stelle der Copacabana. Feine europäische Küche. *Tgl. 12–24 Uhr, Av. Atlântica 1456, Tel. 021/5 42 18 87, Kategorie 1*

Le Saint Honoré (O)
Das beste Restaurant an der ganzen Copacabana in der 37. Etage des Meridien-Hotels. Man spricht französisch, die Aussicht ist phantastisch, und für das Essen bürgt ein Schüler von Paul Bocuse, bloß daß die Portionen wie in Brasilien üblich größer sind. *Tgl. außer So 20–1 Uhr, Av. Atlântica 1020, Tel. 021/5 46 08 80, Kategorie 1*

EINKAUFEN

Hippiemarkt in Ipanema (O)
Die Straßen Rios sind voll von Hökern und Händlern, die dem Fremden ihren bunten Plunder aufdrängen. Manchmal ist sogar etwas Originelles darunter. Aber wer etwas Besonderes sucht, findet hier jeden Sonntag von 9 bis 18 Uhr Trödel, Kunstgewerbe und Volkskunst. *P. General Osório und P. 15 de Novembro*

Juwelier H. Stern (O)
Hans Stern, der Juwelier aus Essen, wird sich Ihnen bereits im Hotel per Prospekt bekannt gemacht haben. In Rio befindet sich das Zentrum seines Imperiums, und in Ipanema hat er sogar ein veritables Museum für Edelsteine errichtet, wo man bei der Verarbeitung der Edelsteine zusehen kann. Wer sein Geld in diesen schönen brasilianischen Glitzerdingen anlegen möchte, kann das bei Stern unbedenklich. *Edelsteinmuseum H. Stern, Mo–Fr 8.30–17.30, Sa 8.30–12.30 Uhr, Rua Visconde de Pirajá 4490, Tel. 021/2 59 74 42*

Favela bei Rio

HOTELS

Arpoador Inn (O)
Das einzige Hotel, das nicht durch eine Straße vom Strand getrennt wird, es liegt gleich am Anfang von Ipanema. Aber nur bis in die Zimmer zur See hin rauscht die Brandung des Atlantiks. *50 Zi., Rua Francisco Otaviano 177, Tel. 021/5 23 00 60, Fax 5 11 50 94, Kategorie 2*

Caesar Park (O)
Ohne Zweifel das erste Haus in Ipanema. Mit dem international üblichen Komfort der fünf Sterne und dem Pool auf dem Dach. *221 Zi., Av. Vieira Souto 460, Tel. 021/5 25 25 25, Fax 5 21 60 00, Kategorie 1*

Copacabana Palace (O)
Hier kann man richtig schön altmodisch wie einst Lady Di und Prince Charles oder die Passagiere der Zeppeline residieren. *226 Zi., Av. Atlântica 1702, Tel. 021/2 55 70 70, Fax 2 35 73 30, Kategorie 1*

Jugendliche Motorradfahrer ziehen gern im Pulk durch Rio

Glória (O)
Für Nonkonformisten, die plüschigen Komfort lieben und auf Strand vor dem Hotel verzichten können. *590 Zi., Flamengo, Rua do Russel 632, Tel. 021/5 55 72 72, Fax 5 55 72 82, Kategorie 2*

Sheraton Rio (O)
Winziger eigener Badestrand unterhalb des Vidigal-Felsens, aber weit außerhalb. *559 Zi., Av. Niemeyer 121, Tel. 021/2 74 11 22, Fax 2 39 56 43, Kategorie 1*

SPIEL UND SPORT

Alpinismus (O)
Zum Beispiel hoch auf den Zuckerhut: *Centro Excursionista Brasileiro, Tel. 021/2 52 98 44*

Drachenfliegen (O)
Asa delta nennt man hier den Gleitflug. Von der Pedra Bonita (520 m) kann man für etwa 50 Dollar über Rio schweben. *Brasilianischer Drachenfliegerverein, Tel. 021/2 20 70 44*

Fitneß/Gymnastik (O)
Allüberall, zum Beispiel auch im *Shopping Center Rio Sul, Av. Lauro Müller 116, Tel. 021/2 95 34 44*

Fußball (O)
Maracanã, das größte Fußballstadion der Welt, bietet 200 000 Plätze. Wichtige Spiele werden in der Zeitung angezeigt. *Estádio do Maracanã, Rua Prof. Enrico Rabelo, Tel. 021/2 64 99 62*

Golf (O)
Gávea Golf and Country Club, Estr. da Gávea 88, Tel. 021/3 22 41 41

Pferderennen (O)
Auf der Rennbahn von Gávea am Wochenende. *Hipódromo, P. Santos Dumont, Tel. 021/2 74 00 55*

Segeln (O)
Boote jeder Größe, mit und ohne Besatzung, direkt bei der *Marina da Glória, Tel. 021/2 85 45 58*

Tauchen (O)
Nicht in Rios Bucht, aber im weiteren Umkreis mit fabelhaften Tauchgründen. *Brazildiving, Tel. 021/2 75 98 64*

Wandern (O)
Im Gebirge, am Meer und, zusammen mit Brasilianern, auch zu wenig bekannten Zielen, z.B. mit den Naturfreunden von »Ar livre«. *Tel. 021/2 08 30 29*

AM ABEND

Diskotheken und Tanzbars gibt es mehr als genug in Copacabana und Ipanema. Vorsicht wegen Gewalttätigkeit (und Aids) ist geboten. Rund um die Praça Lido in Copacabana Rotlichtbars.

Canecão **(O)**
★ Größter Musikschuppen Rios – so gut wie jeden Abend findet eine MPB-Show *(Música popular brasileira)* statt. *Ab 21.30 Uhr, Av. V. Brás (Botofago, beim Rio-Sul-Einkaufszentrum), Tel. 021/2 95 30 44*

Circo Voador **(U/C 5)**
Für Tanzfreaks und Liebhaber der vitalen authentischen Sambas die allererste Adresse. Beim alten Viadukt von Lapa. *So 22 bis 2 Uhr, Av. Mem de Sá, Tel. 021/ 2 52 82 31*

Gafiera Estudantina **(U/B 4)**
Tanzschuppen traditioneller Art, von der reiferen Jugend bevorzugt. Noch kaum touristisch angehaucht. *Do–Sa ab 23 Uhr, P. Tiradentes 79 (Zentrum), Tel. 021/2 32 11 49*

Scala Rio **(O)**
Showpalast mit Auftritten bekannter brasilianischer Künstler. Geschmeidige Mulatas bieten eine folkloristische Tanzshow frei nach den Folies Bergères. *Tgl. ab 20 Uhr, Av. Afrânio de Melo Franco 296 (Leblon), Tel. 021/ 2 39 44 48*

AUSKUNFT

Centro Integrado de Atendimento ao Turista **(O)**
Av. Princesa Isabel 183 (Copacabana), Tel. 021/5 41 75 22

Riotur **(O)**
Tgl. 5–23 Uhr, Internationaler Flughafen Galeão, 1. Stock im rotblauen Bereich, Tel. 021/3 98 40 73, Fax 5 31 18 72

ZIELE IN DER UMGEBUNG

Búzios **(119/D 6)**
Seit Brigitte Bardot diesen Strandabschnitt entdeckt hat, tummelt sich hier der Jet-set. Schicke Restaurants und Boutiquen, es ist alles da, was Saint-Tropez so bietet – plus Palmen, Tropical life, einmalig schönen Stränden und einer Sonnenscheingarantie das ganze Jahr hindurch – selbst wenn das Wetter in Rio schlecht ist. Von den vier Orten der Halbinsel Manguinhos der größte. 190 km

Floresta da Tijuca **(118/C 6)**
New York hat seinen Central Park, London seinen Hyde Park, Rio jedoch den größten Stadtpark der Welt. Wasserfälle, Granitberge, üppig wuchernder Regenwald – der Inbegriff all dessen, was Europäer so unter tropischer Vegetation verstehen. Auf 500 m Höhe ist es immer einige Grade kühler als an der Küste. Der Nationalpark ist hervorragend mit Wanderwegen erschlossen. *Tgl. 6–21 Uhr, Eingang und Verwaltung: P. Antônio Vizeu (Alto da Boa Vista), Tel. 021/ 2 74 86 48.* 20 km

Itacuruçá **(119/D 6)**
Das kleine Hafenstädtchen östlich von Rio ist Ausgangspunkt für schöne Tagesausflüge mit Kuttern zu den traumhaften Inseln der Bahia de Sepetiba. *Saveiro Tours, Tel. 021/7 80 17 85, Fahrpreis rund 20 Dollar.* 100 km

Paquetá **(119/D 6)**

★ Schippern Sie mit dem alten Fährboot, das Sie in etwas mehr als einer Stunde auf die »Insel der Verliebten« bringt – zurück können Sie das schnellere Aerobarco (Tragflächenboot; 20 Min.) nehmen. Das Schiff gleitet am Marinearsenal und der Zollinsel vorbei, in der Bucht liegen die Ozeandampfer auf Reede. Paquetá ist Balsam für gestreßte Seelen. Kein Auto, kein Motorrad, kein Bus – nur Pferdekutschen und Fahrräder sind auf der verträumten Insel zugelassen. Wer will, kann hier wohnen und tagsüber ins lärmende Rio schippern. Eine Handvoll Pensionen bieten allerdings nur recht einfache Zimmer. Ansonsten gibt es alles Notwendige (Kneipen, Lokale, Geschäfte, Post, Kirche und Krankenhaus). Nur der Strand ist verdreckt. *Fähre Paquetá ab P. 15 de Novembro, Pier 1, tgl. etwa 2stündlich von 5.30 bis 23 Uhr (letztes Boot), Fahrpreis 1 Dollar; Aerobarco (Transtur), ab P. 15 de Novembro, Extrapier, Mo–Fr etwa 2stündlich zwischen 10 und 16 Uhr, Sa und So stündlich zwischen 8 und 17 Uhr, Fahrpreis 5 Dollar*

Parati **(118/C 6)**

★ Ein koloniales Kleinod an der Küste. Früher war die kleine Hafenstadt das Ziel der Maultierkarawanen mit dem Gold aus Minas Gerais: Vom Handel fiel für Parati so viel ab, daß sich noch heute prächtige Paläste und Kirchen im Wasser der Atlantikbucht spiegeln. Statt der Maultiere bringen jetzt die Touristen das Geld. Außerhalb der Saison (Januar–April) ist Parati ein stilles, idyllisches Städtchen mit viel Atmosphäre. Von dort aus kann man herrliche Bootsfahrten und Segeltörns in die pelagische Welt der »Grünen Küste« unternehmen. So richtig zum Ausspannen unter Palmen und im Schatten alter Gemäuer. 240 km

Petrópolis **(118/D 6)**

In die kühlen Höhen zog sich einst im heißen Sommer der kaiserliche Hofstaat zurück. Geblieben sind das Schloß (im *Museu Imperial* kann man noch die Kaiserkrone bewundern), die schönen Parks und das gepflegte Ambiente einer Residenzstadt. Der Ausflug lohnt sich wegen der schönen Ausblicke auf der kurvenreichen Fahrt durch die *Serra dos Orgãos.* Die Gipfel des »Orgelpfeifengebirges« sind über 2000 m hoch. 65 km

São Paulo **(118/B 6)**

Moderne Jets schaufeln werktags alle 30 Minuten ihre Passagiere über die 400 Kilometer zwischen den beiden brasilianischen Metropolen. Ein Tagesausflug kostet rund 250 Dollar, darin eingeschlossen (bei schönem Wetter) ein phantastischer Rundflug über die beiden Städte und die reich gegliederte Küste. Wer etwas mehr Zeit hat, kann eine Strecke fliegen und die andere per Mietauto über die Küstenstraße zurücklegen (mit wenigstens zwei Tagen rechnen), um die paradiesischen Strände der *Costa verde* auf eigene Faust zu entdecken. Wer noch mehr Zeit hat und sparen will, nimmt den Bus: keine 25 Mark für ein sechsstündiges Vergnügen.

Strände **(118/C–D 6)**

Die Perlenkette dieser Badeparadiese reicht von Leme (Copacabana) bis Leblon (Ipanema) und weiter bis Grumari – alles zusammengerechnet sind das rund 30 km Strand innerhalb des weiteren Stadtgebiets. Zählt man Niterói auf der anderen Seite der Bucht hinzu, kommt man auf das Doppelte.

Die ★✪✝ *Copacabana* ist der traditionellste und belebteste Strandabschnitt. Hier tummeln sich die armen Schlucker wie die unbekannten Reichen. Beim Gang durch diese menschliche Möwenkolonie sollte man jedoch alle Pretiosen zu Hause lassen. *Ipanema* ist die vornehmere Schwester von Copacabana – aber gelegentlich tragen diese beiden berühmten stadtnahen Strände schon ein strenges Parfüm – die Wasserqualität läßt zu wünschen übrig, die Sicherheit auch. *São Conrado* gilt als exklusiv, hat aber die Favela Rocinha im Rücken. Die *Barra da Tijuca* ist der längste Strand von Rio. Je weiter man hinausfährt, desto klarer wird das Wasser, desto reiner der Sand. Der *Recreio dos Bandeirantes* ist ein populärer Badetreff, aber leider etwas verdreckt. Noch weiter hinaus liegt *Grumari* – dort beginnt unberührte Natur.

Badefreuden am überaus beliebten Strand von Copacabana

DROGARIA
SÃO PAULO
ETAPA

Megalopolis und Spurensuche

Fachwerk, Rinderherden und Industrieimperien – im tiefen Süden lebt man mit Kontrasten

Die richtige Einstimmung auf São Paulo gewinnt man beim Anflug per Luftbrücke *(Ponte Aérea)* aus Rio de Janeiro. Wie eine Riesenpizza aus Beton und Asphalt dehnt sich die größte Metropole des Subkontinents nach allen Richtungen aus. In diesem Großstadtdschungel leben und arbeiten 20 Millionen Menschen – aber São Paulo ist ein gut organisiertes Chaos: Hier schreit keiner, niemand drängt sich Ihnen auf. Man geht leise, fast distinguiert miteinander um, trägt ordentliche Anzüge (gedeckte Farben), reiht sich ein und stellt sich an. Die Taxis haben ihre Taxameter, die Metro hält ihren Fahrplan ein – für brasilianische Verhältnisse geht es wie in Hamburg zu: steif, aber korrekt.

Arbeit und Brot – deshalb ziehen die Menschen in die Stadt. Selbst in den schlimmen Baracken, eine halbe Tagesreise vom Zentrum entfernt, hoffen sie ein besseres Leben zu finden als daheim im Hungerland. Im Umfeld von São Paulo werden rund 65 Prozent des industriellen Umsatzes von Brasilien erarbeitet und wird die Hälfte der Energie verbraucht. Fabriken der Schwerindustrie und des Fahrzeugbaus, Stahlschmieden und Textilkombinate, Chemiekonzerne und Papiermühlen, Banken und Versicherungen – sie alle sind in und um São Paulo so zahlreich vertreten wie in allen übrigen brasilianischen Bundesstaaten zusammengenommen.

São Paulo – hier boomen Wirtschaft und Wolkenkratzer

SÃO PAULO

Fromme Mönche zogen als erste in das Hochtal des Paraíba und gründeten 1554 eine Missionsstation (**121/E2**). Im Schlepptau der Soutanenträger folgten wilde Abenteurer, die *Bandeirantes* (Fähnleinschwenker), weniger an der Missionierung der Indianer interessiert als an deren Versklavung. Erst als die Wälder gerodet und die ersten Kaffee-Ernten eingefahren waren, wuchs aus dem Provinznest ein Marktflecken. Zu den Händlern gesellten sich europäische Handwerker und libanesische Kaufleute. 1908 erhält São Paulo seine erste gepflasterte Straße, 1922 wird dort die erste Universität Brasiliens gegründet, in den 50er Jahren überflügelt São Paulo Rio an Größe, in den 70ern auch Argentiniens Hauptstadt Buenos Aires. São Paulo, Superstar. Aber das ist noch kein Grund zum Feiern. Im atemlosen Entwicklungstempo hat die baumlose, windige Stadt keine Zeit gefunden, Feste zu veranstalten oder am eigenen Image zu zweifeln.

Die Metropole ist ein Konglomerat von 38 Gemeinden und vielen Kulturen. Im Viertel Liberdade leben rund 200 000 Japaner nach alter Väter Sitte – die größte Gemeinde außerhalb des japanischen Kaiserreichs. Die Koreaner beherrschen den Gemüsehandel, die Deutschen haben Brauereien und Metzgereien gegründet und ihre Villen in Santo Amaro errichtet. Zwischen Vila Guilherme und Vila Mariana lebt Klein-Portugal, während in der Bixiga die Italiener hausen. Trotz seiner kosmopolitischen Vielfalt ist São Paulo im Grunde eine Provinzstadt geblieben, in der hart gearbeitet und wenig gefeiert wird. Auf ein gutes Essen beschränkt sich hier der Feierabend. Wenn man dabei auch noch über das Geschäft reden kann – um so besser!

Schnellstraßen durchschneiden den modernen Großstadtdschungel

BESICHTIGUNG

Altes Stadtzentrum

Die *Casa de Anchieta,* ein unscheinbares Kolonialhäuschen zwischen Hochhäusern am Pátio do Colégio, ist das älteste Stück Architektur von São Paulo und doch nur ein Nachbau auf historischen Resten. Die Casa birgt ein kleines historisches Museum und ein Stadtmodell aus kolonialer Zeit *(Di–So 9–17 Uhr).* Gleich nebenan liegt die Praça da Sé mit der neogotischen Kathedrale und einer gigantischen Metrostation unter dem Pflaster. Von der Praça führt eine Fußgängerzone (Vorsicht: Taschendiebe!) durch die Schluchten des alten Bankenviertels, über die »Teebrücke« *(Viaduto do Chá),* die ein ehemaliges Flußtal kreuzt, am Stadttheater vorbei bis zur *Praça da República.* Von dort ist es nur noch ein Katzensprung zum ★ *Edifício Itália,* einem der höchsten Gebäude der Stadt. Der Panoramablick von seiner Spitze ist selbst bei Smog eindrucksvoll. Die weite Aussicht kann angenehm mit kulinarischem Genuß kombiniert werden: Ein Restaurant und ein Café laden dazu im 41. Stockwerk ein. Die Preise entsprechen den Höhenmetern *(Verzehrzwang).*

Butantan

★ Das älteste Zentrum für Schlangenpharmakologie hütet 80 000 Nattern, Vipern und Ottern von 407 Arten und ist ein Molkereibetrieb besonderer Art: Die Schlangen müssen ihr Gift zum Wohl der Menschheit in Reagenzgläser drücken, von wo es per Spritze Pferden eingeimpft wird, deren Abwehrstoffe im Blut wiederum für das Schlangenserum verwendet werden. Aus sicherer Distanz darf man dabei zusehen. Ein kleines naturkundliches Museum nebenan erläutert die Arbeit des Instituts und zeigt eindrucksvolle Horrorbilder von den Bissen der steilen Zähne. *Di–So 9–17 Uhr, Av. Vital Brasil 1500, bei der Cidade Universitária, mit dem Bus zu erreichen, Tel. 011/8 13 72 22*

Neues Stadtzentrum

Die *Avenida Paulista* ist der »Broadway von São Paulo«. Wo heute Bankpaläste in den Himmel ragen, standen vor wenigen Jahrzehnten die herrschaftlichen Villen der Kaffeebarone inmitten von Bananenhainen. In den benachbarten Alamedas, den Alleen, die zu den exklusiven Villenvierteln Jardim Europa und Jardim América führen, finden sich die elegantesten Geschäfte und Boutiquen. Die *Avenida Brigadeiro Faria Lima* weiter westlich entwickelt sich mit ihren Einkaufszentren zu einem weiteren supermodernen Stadtzentrum. Über die Avenida Juscelino Kubitschek (Taxi!) gelangt man in die einzige grüne Lunge des Zentrums, den *Ibirapuera-Park* mit dem Planetari-

MARCO POLO TIPS FÜR SÃO PAULO UND DEN SÜDEN

1. **Edifício Itália**
Aus der Vogelperspektive den Betondschungel bewundern und dabei über den Schreck eine Caipirinha trinken (Seite 44)

2. **Butantan**
Den Giftschlangen beim Füttern zusehen oder dabeisein, wie sie »gemolken« werden (Seite 45)

3. **MASP**
Sich im größten Kunstmuseum Brasiliens umschauen und anschließend über die Avenida Paulista schlendern (Seite 46)

4. **Santos**
Die alte Kaffeestadt hat sich gemausert und eine saubere Strandpromenade bekommen (Seite 48)

5. **Zugfahrt Curitiba – Paranaguá**
Mit der Spielzeugeisenbahn durch die Küstenkordillere und über schaurig-steile Viadukte hinunter an den Atlantik schaukeln (Seite 50)

6. **Iguaçu**
Das Schauspiel der weltweit größten Wasserfälle genießen (Seite 50)

um und dem Museum für Fliegerei sowie dem Pavillon der Biennale-Kunstmesse mit dem Museum für Gegenwartskunst (MAM).

Zoo – Botanischer Garten

Im Viertel Água Funda liegt der riesige *Parque do Estado Fontes do Ipiringa.* Der botanische Garten bietet die wohl weltweit größte Kollektion tropischer Pflanzen unter freiem Himmel *(tgl. 10–24 Uhr, Av. do Cursino 6338).* Sehenswert auch der Zoo und die »Simba Safari«. Anders als im Zoo, wo die Menschen frei herumlaufen und die Tiere hinter Gittern sind, bewegen sich hier die Zweibeiner in Autos eingesperrt durch die künstliche Steppe, an Löwen und Zebras vorbei. *Mi–So 10–17 Uhr, Av. Miguel Stéfano 3031*

MUSEEN

Memorial da América Latina

Oscar Niemeyer, der »Staatsbaumeister«, der Brasília entwarf, hat auch in São Paulo ein großes Betonwerk hinterlassen. Das gigantische Kongreßzentrum, 1989 eröffnet, steht seither eher leer im Raum. Lohnend ist die Ausstellung lateinamerikanischer Volkskunst. *Di–So 9–18 Uhr, Av. Auro Soares de Moura Andrade 664, Metro Station Barra Funda*

Museu de Arte de São Paulo

★ Das größte Kunstmuseum Lateinamerikas, MASP, liegt an einem hübschen kleinen Park. Es beherbergt eine reiche Kollektion europäischer und brasilianischer Werke der Neuzeit. Theateraufführungen im Souterrain. Unter der einst avantgardistischen freischwebenden Konstruktion findet sonntags ein Flohmarkt statt. *Di–Mi und Fr bis So 11–18, Do 11–20 Uhr, Av. Paulista 1578*

RESTAURANTS

São Paulo ist die größte gastronomische Metropole Lateinamerikas. Jede Einwanderungswelle brachte ihre eigene Küche mit. Die Schwerpunkte sind Churrasco, italienische Locandas sowie japanische Sushi-Restaurants. Das Wochenmagazin »Veja« (der brasilianische »Spiegel«) bringt eine Beilage mit Gourmet-Tips und Veranstaltungskalender.

La Casserole

Eines der letzten guten Restaurants im alten Zentrum. Französische Küche. Alte Kellner, alte Weine – direkt am Blumenmarkt. *Di–So 12–15 und 19–24, Sa 19–1 Uhr, Largo do Arouche 346, Tel. 011/2 20 62 83, Kategorie 1*

Fasano

Der Tempel der Schickeria schlechthin. In der vornehmsten Gegend der Stadt. Raffinierte italienische Küche, ausgezeichnete Weine, hohe Preise – und immer voll besetzt. Reservierung dringend erforderlich. *Mo–Fr 12–15 und 19.30–1, Sa 19.30–1, So 12 bis 17 Uhr, Rua Haddock Lobo 1644, Tel. 011/8 52 40 00, Kategorie 1*

Gombe

Sushi und Sashimi. *Mo–Sa 11.30 bis 14 und 18.30–24 Uhr, Rua Tomás Gonzaga 22 (Liberdade), Tel. 011/2 79 84 99, Kategorie 2*

Villa's

Eine der vielen exzellenten Churrascarias. Nur: Hier kann man auch ökologisch unbedenklich sündigen und Krokodil, Wasserschwein u. ä. Exoten (aus Zucht!) probieren. Riesen-Vorspeisenbuffet, große Fleischauswahl, aufmerksame Bedienung. *Tgl. 12–24 Uhr, Av. Guilherme 33 (Marginal Tietê, auf dem Weg zum Flughafen Guarulhos, Tel. 011/ 6 92 23 73, Kategorie 1*

Windhuk
Deftige deutsche Küche, Riesenportionen. Traditionell und preiswert. *Mo–Fr 17.30–0.30, Sa und So 11–0.30 Uhr, Al. dos Arapanés 1400, Tel. 011/2 40 20 40, Kategorie 2*

EINKAUFEN

Viele wohlhabende Brasilianer aus Rio, Brasília oder Belo Horizonte fliegen (wenn nicht nach Miami) nach São Paulo zum Shopping. Hier gibt es einfach »alles« in den großen Einkaufszentren, die sich mit ihren nordamerikanischen Vorbildern messen können. Man kann seine Garderobe mit bunten, leichten und modischen Textilien oder mit Lederjacken auffrischen und findet dort auch die berühmten Halbedelsteine Brasiliens oder ausgefallenen modernen Goldschmuck. Große Auswahl im *Shopping Center Eldorado (Av. Reboụcas 3970)* oder *Shopping Center Iguatemi (Av. Brig. Faria Lima 1991).*

HOTELS

Fuji Palace
Wer auf japanische Art mit Futon und Tatami nächtigen möchte, kann das preiswert mitten im japanischen Viertel Liberdade. *75 Zi., Largo da Pól-vora 120, Tel. 011/2 78 74 66, Fax 2 79 90 41, Kategorie 2*

Maksoud Plaza
Vornehmstes (und größtes) Hotel der Stadt – das Foyer ist 20 Stockwerke hoch. *420 Zi., Al. Campinas 150, Tel. 011/2 53 44 11, Fax 2 53 45 44, Kategorie 1*

The Park Lane
Ein Hotel im oberen Mittelfeld, dessen Suiten (mit eigener kleiner Küche) fast alle eine gute Aussicht über die Stadt bieten. *110 Zi., Rua Carlos Sampaio 157, Tel. 011/2 85 11 00, Fax 2 85 03 73, Kategorie 1*

SPIEL UND SPORT

Frühaufsteher und Jogger treffen sich im Ibirapuera-Park, das sportliche Leben spielt sich in teils hervorragenden Clubs (wie etwa Esporte Club Pinheiros) ab, in die man nur auf Empfehlung kommt. Am Wochenende zieht São Paulo 100 km weiter und knapp 800 m tiefer an den Strand. Bei Sport und Spiel mit Kind und Kegel verwandelt sich die Küste bei *Santos* in eine menschliche Vogelkolonie.

Hipódromo
Der Jockey-Club veranstaltet an jedem Wochenende und auch während der Woche Pferderennen. Eine gute Gelegenheit, den Geldadel Brasiliens und die edlen Exemplare brasilianischer Pferdezucht kennenzulernen. *Hipódromo de Cidade Jardim, Av. Lineu de Paula Machado 1263, Tel. 011/2 11 40 11*

Estádio do Morumbi
Das zweitgrößte Fußballstadion Brasiliens mit Platz für 150 000 Fans. *Av. Giovanni Gronchi, Tel. 011/8 14 33 77*

AM ABEND

Die Paulistas gehen früh zu Bett, weil sie früh zur Arbeit aus den Federn müssen. Während der Carioca arbeitet, um zu leben, lebt der Paulista, um zu arbeiten. Doch die Essenspausen werden weidlich genutzt. Ein Bummel durch das alte italienische Viertel Bixiga ist wahrscheinlich der beste Ausklang nach einem hektischen Tag. Viele kleine Cafés und Pinten locken zudem mit MPB – *Música popular brasileira.* Die Kino- und Theaterlandschaft ist die reichhaltigste in Südamerika. Nur hier kann man regelmäßig Klassikkonzerte hören.

Centro Cultural São Paulo
Modernes Kulturzentrum. *Rua Vergueiro 1000, Tel. 011/2 77 36 11*

Palace
Der größte Showpalast von São Paulo mit Programmen berühmter Künstler. *Av. Jamaris 213, Tel. 011/5 31 49 00*

SESC Fábrica de Pompeia
Avantgardetheater. *Rua Ciélia 93, Tel. 011/8 64 85 89*

Teatro Municipal
Erstes Haus am Platz im Pariser Stil der Gründerjahre. *P. Ramos de Azevedo, Tel. 011/2 22 86 98*

AUSKUNFT

Gol-Tour
Av. São Luís 187, Tel. 011/2 56 23 88, Fax 2 56 25 23

Touristenpolizei
Delegacia Especializada de Atendimento ao Turista, Av. São Luís 115, Tel. 011/2 54 35 61, 2 14 02 09

ZIELE IN DER UMGEBUNG

Guarujá **(121/E 2)**
Eine kurvige Autobahn überwindet durch die von Regenwald bedeckte Serra do Mar auf kürzester Strecke bis zur Küste eine Höhendifferenz von fast 1000 m. Regnet es in São Paulo, lacht hier oft das schönste Sonnenwetter. In Guarujá und den anderen Badestädten, die sich in Richtung Rio de Janeiro vorfressen, brandet das Meer auf feine Sandstrände und einen menschlichen Badetrubel, der zu fröhlichen Hautkontakten führt. 30 km

Santos **(121/E 2)**
★ Santos, die alte Kaffee-Hafenstadt, hat sich durch gute Verwaltung und Privatisierung der Kais zu einer angenehmen Stadt gemausert. Die Strandpromenade kann es mit Rios Copacabana aufnehmen, ist aber sicherer und sauberer. In der Nähe der *balsa* (Fähre) nach Guarujá, die im Minutenabstand die Hafeneinfahrt quert, liegt das *Museu do Mar,* das die marine Flora und Fauna sowie Kuriositäten aus dem Seefahrtsleben ausstellt. *Rua Republica do Ecuador (Ponta da Praia), Di–So 9–18 Uhr*

CURITIBA

(121/D 2) Die Hauptstadt (1,36 Mio. Ew.) des Bundesstaats Paraná gleicht einer kleinen Schwester von São Paulo. Vorausschauende Kommunalpolitiker haben aus Curitiba die Musterstadt Brasiliens gemacht, die mit ihren Geschäften, Parks, Trolleys und Fußgängerpassagen frappierend an europäische Großstädte erinnert. Das rauhe Klima (viel Re-

Weite landwirtschaftliche Gebiete finden sich in Paraná

gen) gehört dazu. Namen wie Müller, Hecker, Jankowsky oder Todeschini an den Ladentüren sagen genug über die Herkunft der Bewohner. Einwanderer aus Deutschland, Polen, Italien und der Ukraine fanden im 18. und 19. Jh. in der damals abgelegenen Provinz ihre neue Heimat. Landwirtschaftliche Familienbetriebe (und nicht Plantagenwirtschaft mit Sklaven!) und mittelständische Unternehmen bilden noch heute das Unterfutter zum Wohlergehen des Staats Paraná und der Stadt Curitiba.

BESICHTIGUNG

Avenida Luíz Xavier
Die älteste Fußgängerpassage Lateinamerikas verbindet die Praça General Osório mit dem Passeio Público; sie ist der Treffpunkt von jung und alt. Die zahlreichen Cafés und Pinten laden zum Ratschen und Diskutieren ein. Nicht weit ab liegt der Largo da Ordem, ein Straßenzug mit Kopfsteinpflaster, altmodischen Gaslaternen und einer Reihe gemütlicher Lokale.

MUSEEN

Museu Paranaense
Heimatmuseum in einem schönen Art-nouveau-Gebäude am »Blumenmarkt«. *Mo–Sa 9.30 bis 17.30 Uhr, P. Generoso Marques*

Museu da Imigracao Polonesa
Einwanderermuseum in echt polnischen Holzbauten. *Rua Wellington Oliveira Viana (Centro Civico), Bosque João Paulo II, tgl. 6–20 Uhr*

RESTAURANTS

Wurst, Kraut und Kartoffeln sind auch hier beliebt. Und probieren Sie die Spezialität Rodízio im Bairro Santa Felicidade *(Taxi)*, einem ganzen Stadtviertel mit riesigen, meist italienischen Verköstigungstempeln.

Cascatinha
Gute italienische und brasilianische Küche. Hübsche Lage im Park. *Mo–Sa 12–15 und 19.30 bis 22.30, So 12–15 Uhr, Av. Manoel Ribas 4455 (Santa Felicidade), Tel. 041/3 35 12 14, Kategorie 2*

Schwarzwald
Die urige »Hütte« liegt versteckt mitten im historischen Zentrum und wartet mit Jumbo-Bratwürsten auf, dazu leckeres dunkles Bier vom Faß. *Tgl. 17–2, So auch 11–14.30 Uhr, Largo da Ordem 63, Tel. 041/223 25 85, Kategorie 2*

Warsóvia
Das wohl einzige authentische polnische Restaurant südlich von Chicago. *Di–Sa 11.30–14.30 und 19–23, So 11.30–14.30 Uhr, Av. Batel 2059, Tel. 041/2 42 34 23, Kategorie 2*

EINKAUFEN

Feira de Artesanato Popular
Antiquitäten und Kunstgewerbe. *P. Rui Barbosa, tagsüber am Mi und Sa, So auf der P. Garibaldi*

Ukrainische Volkskunst
Mo–Fr 9–19 Uhr, Sa 9–14 Uhr, Rua Brigadeiro Franco 898

HOTELS

Bourbon & Tower
Ein modernes und zentral gelegenes Großstadthotel. *167 Zi., Rua Cândido Lopes 102, Tel. 041/3 22 40 01, Fax 32 22 82, Kategorie 1*

Roochelle Park
Im Zentrum nahe der Fußgängerzone. *73 Zi., Rua Tibagi 307, Tel. 041/3 22 89 89, Fax 2 24 10 18, Kategorie 1*

AM ABEND

Flaniermeile ist die *Rua 24 Horas (zwei Blocks hinter der P. Gen. Osorio)* mit rund um die Uhr geöffneten Kneipen, Restaurants, Lebensmittel- und Buchläden. In vielen Lokalen um die Fußgängerzone wird live aufgespielt. Mit seiner Bühne für Kleinkunst, Chansons, Jazz und Tangos ist das *Habeas Corpus (tgl. ab 20 Uhr, Rua Dr. Muricy 847)* ein netter Treffpunkt.

ZIELE IN DER UMGEBUNG

Zugfahrt nach Paranaguá (121/D 3)
★ Der Zug fährt erst durch polnische Dörfer, dann in Spitzkehren und über schwindelerregende Viadukte durch die Küstenkordillere hinab an den Atlantik und ins Hafenstädtchen Paranaguá (110 000 Ew.). Die rund dreistündige Fahrt bietet die entzückendsten Ausblicke und ist den Nervenkitzel wert. Man sollte aber auf fast halber Strecke im hübschen Kolonialnest *Morretes* aussteigen. *Abfahrt gegen 8 Uhr, Rückkehr per Bus am gleichen Tag möglich, hin und zurück etwa 10 Dollar, Reservierung: (fünf Tage im voraus!) Tel. 041/322 95 85; in der Saison kaufen Reisebüros die Tickets in Massen auf und verhökern sie zu weit überzogenen Preisen als Tagesausflug.*

Wasserfälle von Iguaçu (120/B 2)
★ Im feinen Wasserstaub bricht sich das Sonnenlicht in immer neuen Regenbögen. Wie Smaragde glänzen die nassen Basaltblöcke im mattgrünen Moos. Falter gaukeln farbtrunken durch die Luft. Baumfarne spannen ihre grünen Schirme auf.

Die Wasserfälle von Iguaçu sind ein gigantisches Naturspektakel

Lianen schmiegen sich wie Perlenketten an die Stämme der Trompetenbäume bis hoch zu den Nestern der violetten, gelben, roten Orchideen, zu denen die zierlichen Kolibris fliegen. *Beija-flor* (Blumenküsser) nennen die Brasilianer diese akrobatischen Flieger. Sie scheinen in der Luft zu stehen und sind doch einen Lidschlag später schon fortgeschwirrt zu den Blüten der Prunkwinden und Bougainvilleen, der Pfirsichpalmen und Paradiesvogelblumen. Der Tau benetzt Blätter und Blüten mit glänzendem Wasserlack, unaufhörlich tropft und klopft es vom Palmendach, durch das die Sonnenstrahlen wie goldene Nadeln stechen.

Die Zikaden singen ihr klagendes Lied, und mit lautem Gekreisch flüchtet vor dem Wanderer eine Rotte närrischer Papageien. Dann herrscht wieder atemlose Stille in den »weinenden Wäldern« am Iguaçu, und das ferne Donnergrollen der großen Wasserfälle klingt um so bedrohlicher. Folgen Sie dem dumpfen Trommeln auf dunklen Pfaden, decken immer dichtere Wasserschleier Moose, Farne und Felsen. Plötzlich hebt sich der Pflanzenvorhang, und mit einem Paukenschlag sprengt eine schneeweiße Lawine geradewegs aus dem Himmel herab und poltert gurgelnd senkrecht in eine Tiefe, deren Grund nicht auszumachen ist, denn dichte Wolken wabern von unten.

Das also sind die Katarakte des »großen Wassers«, wie die Guarani-Indianer sie tauften. Das große Wasser schäumt vor Wut. Seine Brachialgewalt scheint die Luft zu zerfetzen und die Erde zu erschüttern. Mit brüllendem Gesang stürmen 1750 m^3 Wasser pro Sekunde über 60 m hohe und mehrere km lange Klippen. Im Lauf der Jahrmillionen hat sich der Strom immer weiter in die Basaltblöcke eines längst erloschenen Vulkans hineingefressen und dabei hufeisenförmige Mulden geschliffen. Aber die Indianer erklären die Entstehung dieses Weltwunders mit der Fabel von der göttlichen Wasserschlange M'Boi, der in jedem Mondjahr eine Jungfrau geopfert wurde, um sie zu besänftigen. Als aber Naipi, die holde Tochter des Häuptlings Igopi, dem Flußgott geopfert werden sollte, verliebte sich der junge Krieger Tarobá in das schöne Mädchen, und beide flohen mit dem Kanu noch in der Nacht über den Fluß. Das erboste die Wasserschlange M'Boi so sehr, daß sie wild um sich schlug, sich aufbäumte und den Strom aufpeitschte, so daß bis auf den heutigen Tag das Wasser nicht mehr zur Ruhe gekommen ist. Naipi aber wurde zur Strafe von der Schlange in eine Palme am Ufer verhext und Tarobá in einen Fels im Wasser. Sosehr sich die Palme vor Sehnsucht zu dem Fels im Wasser neigt – zusammen werden sie nie mehr kommen.

Die Besucher, die heute zu den Wasserfällen im Dreiländereck von Argentinien, Brasilien und Paraguay reisen, sind von der ungezügelten Wildheit dieses Naturspektakels mindestens so beeindruckt wie die Guarani-Indianer. Der fromme spanische Entdecker Don Alvear de Vaca taufte 1541 die Katarakte nach der Heiligen Jungfrau Maria, aber die indianischen Wassergeister schwemmten diesen Namen davon; so, wie sie die Stege und Wanderwege gelegentlich in die Tiefe gerissen haben. Über halsbrecherische Plankenwege und verschlungene Pfade ist das bizarre Schauspiel der Natur von vielen Seiten zu bestaunen, und auch als Filmkulisse haben die Fälle bereits gedient – in »Mission« mit Robert de Niro.

Ob man nun auf argentinischer Seite den großen oder den kleinen Rundgang wählt oder auf brasilianischer Seite in gehörigem Abstand das ganze Panorama genießt, mag jeder entscheiden, wie er will. Eleanor Roosevelt, die Gattin des amerikanischen Präsidenten, sagte angesichts der Wasserfälle von Iguaçu nur: »Poor Niagara!«

Eines sollte man auf keinen Fall versäumen: dem Teufel in den Rachen zu spucken. Vom Besucherzentrum des argentinischen Nationalparks fährt ein Minibus ein wenig flußaufwärts zum Haltepunkt Puerto Canoa. Dort führt ein 1000 m langer Steg quer über die reißende Strömung bis an den Rand zum Eingang der Hölle. *Garganta del Diablo* (Teufelsschlund) heißt dieser kochende Kessel. Gigantische Wassermassen stürzen sich selbstmörderisch in die Tiefe und reißen unterwegs alles, was sie packen, mit ins Verderben. Nur die ameisenkleinen Touristen auf der Aussichtsplattform (noch) nicht.

In den Südsommer-Monaten November–März führen die Katarakte das meiste Wasser, und ihr kühler Hauch wirkt besonders erfrischend in der Hitze, die leicht bis auf 40 Grad klettern kann. Leichtes Regenzeug ist für den, der im Labyrinth der Wasserfälle herumstreifen möchte, um die Wollaffen, Agutis, Tukane und Papageien zu beobachten, nützlich, ansonsten reicht das übliche Räuberzivil von Polohemd und Jeans. Man sollte sich ruhig zwei, drei Tage für den Besuch der Fälle und der beiden Nationalparks lassen.

Im *Hotel das Cataratas (200 Zi., Rodovia das Cataratas, km 28, Tel. 045/5 23 22 66, Fax 5 74 16 88, Kategorie 1)* wohnt es sich am schönsten, mit allem Komfort und kolonialer Atmosphäre. Die Promenade am Ufer des Rio Iguaçu entlang mit dem Blick auf die Fälle liegt vor der Tür. Wem das nicht reicht, der kann für rund 50 Dollar wie James Bond im rasanten Hubschrauberflug die Wasserfälle aus der Vogelperspektive genießen. *Tgl. 9–18 Uhr bei Helisul, Tel. 045/5 23 11 90, und TAC, Tel. 045/5 72 37 02*

Das künstliche Gegenstück zu den Wasserfällen ist der Staudamm von Itaipú mit dem größten Wasserkraftwerk der Welt, das seit Mitte der 80er Jahre in Betrieb ist. Es liegt nur knappe 30 km weiter nördlich und kann von Touristengruppen besichtigt werden. Brasilianer und Argentinier verbinden den Aufenthalt in Iguaçu meist noch mit einer Butterfahrt nach Paraguay. In *Ciudad del Este* (früher: Puerto Stroessner) blüht der Höker mit zollfreier Ware, in den Spielkasinos rollt der Rubel.

Wollen Sie nicht über Land reisen, sondern die Wasserfälle von Iguaçu von Sao Paulo oder Rio de Janeiro aus besuchen, können Sie von dort täglich nach Foz do Iguaçu fliegen!

BLUMENAU

(121/D 3) Treudeutsch und teutonisch – so gibt sich Blumenau (200 000 Ew.). Für die Brasilianer ein Stück Exotik im eigenen Land, für deutsche Besucher eine vergilbte Kopie ihrer Heimat unter tropischem Himmel. Die Gründungsväter dieser Stadt kamen aus Pommern, unter der Führung des Braunschweiger Apothekers Dr. Hermann Blumenau. »Für die Ahnen der Tod, die Eltern die Not, die Kinder das Brot« – die preußischen Pioniere mußten sich mehrere Generationen durchbeißen. Aber fast jeder von ihnen hatte sein Handwerk mitgebracht, und mit Hartnäckigkeit plus Ausdauer setzten sie sich am Ufer des Itajaí fest. Heute ist Blumenau wahrscheinlich eine der wohlhabendsten Gemeinden Brasiliens. Im Schatten der größten Textilkonzerne Lateinamerikas gedeihen unzählige Zulieferbetriebe und neue Branchen wie Elektronik sowie Sojamühlen und Hühnerfarmen. Zur Stadt gehören 65 000 Autos, 1000 Industriebetriebe, 73 Schulen, eine eigene

Blumenau – Fachwerk wie in einer deutschen Kleinstadt

Fachhochschule und 33 Schützenvereine. Deutsch wird nur noch im Familienkreis gesprochen. Aber die Stadtväter nutzen geschickt die Seppelhosen-Tradition für touristische Zwecke.

RESTAURANTS

Frohsinn

Ein recht schöner viertelstündiger Spaziergang hoch zum Morro do Aipim führt in das Ausflugslokal im Schwarzwaldlook, von dessen Terrasse man bei Bockwurst und Bier einen schönen Blick auf die Stadt und die Itajaí-Schleife genießt. Wenn dann noch Blasmusik hinzukommt, möchte man sogleich anstimmen: »Oh, Du mein stilles Tal ...«. *Mo bis Sa 11.30–14.30 und 18–24 Uhr, Tel. 047/3 22 21 37, Kategorie 2*

Caféhaus Glória

Wer der Kasseler, Koteletts und Kartoffeln müde ist, mag sich mit Buttercrèmetorten im Stil der 50er Jahre trösten und in aller Ruhe einen »Café colonial« (Kaffee, Tee und eine Auswahl von Toast und Gebäck) einnehmen. *Tgl. 15–20 Uhr, Rua 7 de Setembro 954, Tel. 047/3 22 69 42, Kategorie 2*

EINKAUFEN

Hausgemachte Schokoladen und Konfitüren, Textilien, Porzellan, Kristall und Bierkrüge locken die Brasilianer zum Einkauf. Für europäische Touristen sind solche Mitbringsel aus Brasilien wohl eher befremdlich. Aber wer weiß, vielleicht findet sich hier ein Design, das daheim seit Jahrzehnten nicht mehr hergestellt wird?

HOTELS

Plaza Hering, Viena Park, Garden Terrace und *Himmelblau Palace* bieten hohen Komfort. Aber auch die preiswerten kleineren, einfachen Hotels sind sauber und empfehlenswert.

PORTO ALEGRE

(120/C 4–5) Porto Alegre (1,3 Mio. Ew.), der fröhliche Hafen? Die Stadt muß einmal sehr schön gewesen sein – bis die Autos kamen. Ihnen zuliebe kam ein Stück gutbürgerlichen Wohlstands unter die Hacke. Geblieben sind ein paar Paläste aus der Gründerzeit, ein schmuckes kleines Theater, schattige Plätze unter Palmen und ein großer Park, der *Parque Farroupilha.*

Porto Alegre verfügt über gute Buchläden und Boutiquen. Es ist das Herz und Hirn des südlichsten Bundesstaats Rio Grande do Sul und Heimat der Gauchos, die die riesigen Rinderherden der Pampas hüten. Man trinkt hier nicht Kaffee, sondern Matetee. Aus der Sicht der Cariocas sind die Gauchos schon halbe Argentinier, und ihr Portugiesisch mit dem rollenden »R« kommt ihnen reichlich spanisch vor.

BESICHTIGUNG

Altstadt

Die alte Stadt steigt malerisch von Hafen und Rio Guaíba den Berg hinauf. Um die Kathedrale, das Landesparlament und das Theater São Pedro spürt man noch die Atmosphäre jener Zeit, als Porto Alegre nach Buenos Aires und Rio der wichtigste Hafen an der Atlantikküste war.

Rio Guaíba
Einstündige Bootsfahrt ab dem Doca Turística mit einem sehr schönen Blick auf die Stadt vom Wasser der Flußmündung und Lagune aus. *Die Abfahrten sind abhängig von der Teilnehmerzahl, deshalb vorher anrufen: Barco Cisne Branco, Tel. 051/2 21 00 33*

MUSEUM

Museu de Arte do Rio Grande do Sul
Das Museum zeigt einen Querschnitt des künstlerischen Schaffens der Südprovinz und befindet sich im Gebäude der ehemaligen Finanzbehörde. Davor ein hübscher Palmenpark und auf der Rückseite das Zolltor zum Hafen. *Di–So 10–17 Uhr, Rua 7 de Setembro 1010*

RESTAURANTS

Baumbach
Bei deutscher Küche trifft sich die Szene. *Di–Sa 11.30–14 und 19 bis 24, So 12–15 Uhr, Av. Viena 254, Tel. 051/3 46 43 22, Kategorie 2*

Recanto do Tio Flor
Wer das typische regionale Flair vorzieht, kann sein Abendessen auch mit einer Gaucho-Folklore-Show verbinden. *11.30–14 und 18.30–1 Uhr, Av. Getúlio Vargas 1700, Tel. 051/2 33 65 12, Kategorie 2*

EINKAUFEN

Für Ledersachen sind Sie in Porto Alegre, einem Zentrum der Textil- und Lederindustrie, goldrichtig. Besonders witzig: die kniehohen Stulpenstiefel aus weichem Leder, die weiten Pumphosen *(bombachas)* und schicken Wämser. Dazu natürlich breite Gürtel, verwegener Hüte und die silbernen Dolche zum Fleischtranchieren. Für die Damen bunte Zigeunerröcke und Ledertaschen en gros. Zahlreiche Läden um den Mercado Público. *Praça 15 de Novembro* und in der *Av. Júlio de Castilhos 144*

HOTEL

Center Park
In ruhiger Wohngegend und komfortabel. *48 Zi., Rua Cel. Frederico Link 25, Tel. 051/3 11 53 88, Fax 3 11 53 20, Kategorie 1*

SPIEL UND SPORT

Segeln auf der »Enten«-Lagune, die sich über 200 km bis fast an die Grenze von Uruguay erstreckt, ist das richtige Hobby in dieser Stadt. Über Reisebüros zu buchen oder persönlich beim Yachtclub Marinha vorsprechen. *Av. Borges de Medeiros, Tel. 051/2 33 31 34*

AM ABEND

Warum nicht einmal ins Kammerkonzert im Theater São Pedro? Oder in eine Folkloreshow? Natürlich gibt es in Porto Alegre auch diverse Diskos und schummrige Bars.

AUSKUNFT

Gaúcha Tur
Av. Farrapos 445, Tel. 051/2 26 50 74

Laçador
Rua Garibaldi 165, Tel. 051/2 25 47 57

COLONIAL
HOTEL
ENTRADA

Schwarzes Gold und Beton

Durch Bergland, Sümpfe und barocke Kolonialstädte in die Hauptstadt aus der Retorte

Der Bundesstaat Minas Gerais ist ein stürmisches Landmeer. Die weite Dünung des Planalto türmt sich in immer kürzeren Wellen zu steilen Gebirgsketten in Küstennähe auf. Das Gebirge versperrte lange den Zugang zum Hinterland. Erst Sklavenjäger und Goldsucher überwanden die Barriere. Als im Flußsand jenseits der Berge das erste Gold gefunden wurde, gab es kein Halten mehr. Wie Pilze schossen Goldgräberstädtchen in den engen Tälern aus dem Boden. Die portugiesische Krone schnappte sich den Löwenanteil, und wer für fromme Gaben Gold ausgab, war von der Steuer befreit. So entstanden prächtige Barockkirchen neben den Abraumhalden, die noch heute wie Diamanten im dunklen Bergland glitzern.

OURO PRETO

(118/C5) ★ Die koloniale Bergbaustadt (65 000 Ew.) steht als »Kulturerbe der Menschheit« unter Denkmalschutz der UN. Sie ist es wert! Wer zählt die barokken Kirchen und schönen Paläste? Die kleine, hochgelegene Stadt mit einer Bergbauakademie ist voller Geschichten. In ihren steilen, rumpeligen Gassen scheint die Zeit stehengeblieben zu sein. Ouro Preto war die Wiege brasilianischer Unabhängigkeit. Aus Wut über die Gier portugiesischer Kolonialbeamter verschworen sich zur Zeit der nordamerikanischen Sezession Bürger der Stadt unter Führung des Zahnziehers (»Tiradentes«) gegen die Krone, wurden jedoch verraten.

São Francisco, eine der reichen Barockkirchen von Ouro Preto

BESICHTIGUNG

Die schönsten Kirchen und Skulpturen stammen von Aleijadinho, dem »Krüppelchen«: Antônio Francisco Lisbôa (1738 bis 1814), Sohn einer schwarzen Sklavin und genialer Autodidakt. Selbst als der Knochenfraß seine Gliedmaßen bereits zu unbeweglichen Stümpfen zerstört hatte, arbeitete Aleijadinho wie besessen weiter. Der Bildhauer und Architekt gehört ohne Zweifel zu den größten Künstlern des

MARCO POLO TIPS FÜR DEN WESTEN

1 Pantanal
Wildlife – wie es kein Zoo dieser Welt bieten kann. Spaziergang unter Krokodilen und Wasserschweinen (Seite 63)

2 Brasília
Hier ist ein Monument der Zukunft aus der Vergangenheit zu besichtigen (Seite 61)

3 Ouro Preto
Das goldene Herz Brasiliens in seinem eisernen Panzer kennenlernen – und im rauhen Bergklima von Minas Gerais Frischluft schöpfen (Seite 57)

Abendlands. Ouro Preto ist ein Gesamtkunstwerk. Es ist unmöglich, die zwei Dutzend sehenswerten Barockkirchen aufzuführen. Da wäre etwa *Santa Efigênia dos Pretos* im östlichen Stadtteil Alto da Cruz, erbaut und ausgestattet von Francisco Javier do Briton, dem Lehrer Aleijadinhos. Vom Vorplatz hat man einen Panoramablick über die Stadt. Ebenfalls im Osten liegt *Nossa Senhora do Rosário dos Brancos. São Francisco,* am Largo, 1794 von Aleijadinho entworfen und reich mit Skulpturen geschmückt, und *Nossa Senhora do Pilar,* für deren Ausstattung mehrere 100 kg Gold verarbeitet wurden. Am besten folgt man seinen Instinkten oder setzt sich mitten auf den Marktplatz und atmet das besondere Flair des Städtchens ein.

MUSEEN

Museu da Inconfidência
Kolonial- und Freiheitskampfzeit sind hier gut dokumentiert. *Di–So 12–17.30 Uhr, P. Tiradentes*

Museu da Mineralogia
Glitzernde Edelsteine und Kristalle in der wohl größten Mineraliensammlung Brasiliens. *Di bis Fr 12–17, Sa und So 9–13 Uhr, P. Tiradentes/Rua Padre Rolim*

RESTAURANT

Wegen der vielen Studenten gibt es zahlreiche urige Pinten.

Casa do Ouvidor
Hier gibt es deftige regionale Spezialitäten, etwa eine Art Grünkohl und schwarze Bohnen *(Tutu a mineira). Tgl. 11–15 und 19–22 Uhr, Rua Conde de Bobadela 42, 031/5 51 21 41, Kategorie 2*

EINKAUFEN

Mit Edelsteinen und Specksteinplastiken aus dem nahen Steinbruch Santa Rita rennen die Händler den Touristen nach. Doch Vorsicht ist geboten: Nur wer wirklich etwas davon versteht, sollte den Kauf wagen!

HOTEL

Estrada Real
Etwas außerhalb, aber mit herrlicher Aussicht auf die Berge. *75 Zi., Rodovia dos Inconfidentes, Tel. 031/5 51 21 22, Kategorie 2*

AUSKUNFT

Informações Turísticas
P. Tiradentes 41, Tel. 031/5 51 26 55

ZIELE IN DER UMGEBUNG

Um alles Sehenswerte in der Kulturlandschaft von Minas Gerais abzuklappern, bräuchte man Wochen.

Congonhas (118/C 5)
Schönes barockes Kolonialstädtchen, wegen seiner Pilgerfahrt im September berühmt. 60 km

Diamantina (118/C 4)
Die nördlichste und unberührteste der kolonialen Bergwerksstädte. In der Umgebung schürft man noch heute Diamanten. Auf der Serra do Espinhaço gibt es unzählige Wandermöglichkeiten. 300 km

Mariana (119/D 5)
Eine verträumte Miniausgabe von Ouro Preto. Am Wochenende mit einer touristischen Kleinbahn zu erreichen. 17 km

Mina da Passagem (119/D 5)
Einen Besuch der alten Goldmine sollten Sie nicht versäumen. Mit einer antiken Draisine fährt man wie in einen Höllenschlund ein. Der ganze Berg ist auf 17 km Länge und 1000 m Tiefe wie ein Schweizer Käse durchlöchert. Dabei kann man einen Eindruck von der Schinderei unter Tage gewinnen. Die Mine gehörte zuletzt einem britischen Unternehmen und wurde 1985 aufgelassen. Die Führung klärt nach der Bergfahrt über den Prozeß der Goldgewinnung auf. *8 km auf der alten Straße nach Mariana, tgl. 9–17.30 Uhr, Tel. 031/ 5 5713 40 und 5 5712 55*

Sabará (118/C 5)
Der schon 1674 gegründete Ort, verfügt über ein hübsches kleines Goldmuseum. 100 km

São João del Rey (118/C 5)
Alte Goldgräberstadt, landschaftlich schön im Gebirge gelegen, mit bemerkenswerten Barockkirchen. 190 km

Gouverneurspalast in Belo Horizonte

BELO HORIZONTE

(118/C 5) Der günstigste Ausgangsort, um sich einen Eindruck vom »goldenen Herz« Brasiliens zu verschaffen, ist ohne Zweifel die Minenstadt Belo Horizonte (2 Mio. Ew.). Lange nach dem Gold-Rush gegründet, ist sie planmäßig wie ein Schachbrett angelegt und wurde 1897 zur neuen Hauptstadt des Staates gekürt. Belo Horizonte liegt am Rand eines weiten Talkessels inmitten der Erzminen. Das Eisenerz wird im offenen Tagebau geschürft und unter freiem Himmel in vorsintflutlich anmutenden Hochöfen mit Holzkohle verhüttet. Ein rußiger Nebel hängt permanent über der Stadt und reizt die Bronchien. In diesem »brasilianischen Ruhrgebiet« befindet sich neben viel Stahl- und Maschinenindustrie auch noch Brasiliens größte Autofabrik.

Kein Mensch käme je auf die Idee, an diesem Ort Urlaub zu machen. Die Stadt ist nicht einmal häßlich, hat allerdings auch nichts Aufregendes zu bieten. Sie wurde ohne Rücksicht auf die ungünstige Topographie in diagonalen Zügen errichtet, so daß sich ein verwirrendes, spitzwinkliges Straßennetz ergab. Im *Parque Municipal* mit seinen schattigen Bambushainen und schönen alten Bäumen kann man der Großstadthektik entkommen.

MUSEUM

Museu de Mineralogia
Im ehemaligen Rathaus findet man einen guten Überblick über den plutonischen Reichtum der Bergbauprovinz. Für Mineralogen ein lohnendes Ziel. *Di–So 12–16.45 Uhr, Rua Bahia 1149*

RESTAURANT

Dona Lucinha
Das Minas-Essen ist deftig und einfach. Hier sollten Sie es probieren – Samstag natürlich die Feijoada. *Mo–Sa 12–15 und 20–24, So 12–17 Uhr, Rua Padre Odorico 38, Tel. 031/2 27 05 62, Kategorie 2*

EINKAUFEN

Palácio das Artes
Schöne Volkskunst: Lehmfiguren, Holztiere, Flickenteppiche und Blechspielzeug. *Parque Municipal*

HOTELS

Fazenda Ipê Amarelo
Für Familien und Pferdefans bestens geeignet. *63 Zi., 40 km außerhalb an der BR 040 Richtung Brasília, Tel. 031/2 27 62 77, Fax 6 61 91 00, Kategorie 2*

Othon Palace
Das erstes Haus in der Stadt liegt direkt gegenüber dem Stadtpark. *286 Zi., Av. Afonso Pena 1050, Tel. 031/2 73 38 44, Fax 2 12 23 18, Kategorie 1*

BRASÍLIA

(118/B 3) Lautlos öffnen sich die Glastüren des Flughafenterminals. In der Mittagshitze draußen warten ein paar Taxis. Die Fahrer sind hinter dem Steuer eingenickt. Es ist totenstill. Am Horizont zeichnen sich Bauklötze und Steinkrümel wie verlorenes Spielzeug von Riesen ab. Krüppelbäume und Reklameschilder wischen vorbei, Tafeln mit Geheimcodes weisen den Weg durch die Steppe. Wie eine Fata Morgana scheint die Stadt wegzurücken, je näher man ihr kommt.

In 1000 Tagen stampften von 1957 bis 1960 Heere von Bauarbeitern Brasília (1,8 Mio. Ew.) aus der roten Erde des Planalto. Die Verlegung der Hauptstadt von der dichtbesiedelten Küste in die menschenleere Hochebene war aus heutiger Sicht ein Akt des Größenwahns. Rom und Washington galten als Vorbilder. Mit Brasília wollte der damalige Präsident Kubitschek den Aufbruch der Nation ins dritte Jahrtausend antreten. Ziel waren die Kolonisierung des gewaltigen

Das Nationaltheater von Brasília, im Hintergrund der Lago Paranoá

Binnenraums und der Vorstoß bis zuden letzten Grenzen am Amazonas: »Von der Mitte dieser Hochebene, aus dieser Einsamkeit, die bald das Gehirn der nationalen Entscheidungen sein wird, werfe ich meinen Blick in die Zukunft des Landes und sehe die Morgenröte leuchten.«

Alles, was zu einer Stadt gehört, fehlt in Brasília. Es gibt weder Plätze, Straßen, Ecken, Winkel, Promenaden noch Geschiebe und Gedränge, Lärm und Leben, Kneipen und Gassen. Brasília sollte radikal anders sein. Die Architekten der neuen Hauptstadt, Oscar Niemeyer und Lúcio Costa, wollten eine Utopie errichten, eine Metropole von Licht, Luft und Sonne, klar wie ein Kristall, logisch wie eine Gleichung, funktionell wie eine Maschine, sauber wie ein Klinikraum. Und in der Tat: Wie ein riesiges Raumschiff liegt Brasília unter dem tiefblauen Himmel des Planalto. Transportbänder, Wohnsilos, Grünzonen, Tangenten und Parallelen sind die Elemente dieser Stadt. Ein Monument und Museum der vergangenen Zukunft. So wie diese Stadt sollten einmal alle gebaut anderen werden, dachten die Planer in den 1950er Jahren. Endlich eine bessere Welt! Die UN hat Brasília deshalb unter Denkmalschutz gestellt.

BESICHTIGUNG

★ Die meisten Besucher bleiben nur ein paar Stunden. Den besten Überblick gewinnt man vom *Fernsehturm*. Die breite *Esplanada dos Ministérios* und das *Kongreßgebäude* bilden die monumentale (und leere) Mitte dieser Stadt. Wegen der riesigen Dimensionen wäre es mörderisch, zu Fuß in Brasília herumzulaufen. Der Stadtplan mag auf dem Reißbrett logisch ausgesehen haben, für den Besucher ist er eher verwirrend. Die Stadtteile heißen Setor (Sektor) und sind in Quadrate, diese wieder in Blöcke aufgeteilt. Anstelle von Straßennamen gibt es meist Nummern.

Am besten schließt man sich einer Stadtrundfahrt an. *Auskunft in der Ankunftshalle des Flughafens, Tel. 061/3 65 10 24*

RESTAURANTS

Die höchste Konzentration recht guter Restaurants – mit italienischer, deutscher, französischer und regionaler Küche – findet sich am Beginn des Südflügels im Setor Comercial Sul 404.

Antigamente
Deftiges wie Ossobuco, Bohnen, Rindfleisch und Reis. *Tgl. 11.30 bis 1 Uhr, SHIS QL06 Cj. 11 Casa 19 (Lago Sul), Tel. 061/2 48 22 33*

EINKAUFEN

Hippiemarkt
Gefärbte Blumen und Gräser, Flaschen mit gefärbten Sandminiaturen, Skulpturen aus Seifenstein, Schmuck und Lederwaren sind die Renner. Es geht gemütlich zu. *An jedem Wochenende unter dem Fernsehturm*

HOTELS

Preisgünstige Hotels gibt es kaum, nur – und nicht zu empfehlen – in den elenden Satellitenstädten.

Itamarati Parque
Relativ billig und gut. *160 Zi., Setor Hoteleiro Sul, Tel. und Fax 061/ 3 21 73 37, Kategorie 2*

Naoum Plaza
Den Rang als erstes Haus am Platz, in dem die Staatsgäste abzusteigen pflegen, hat das Naoum Plaza vom Hotel Nacional übernommen. *187 Zi., Setor Hoteleiro Sul, Tel. 061/3 22 45 45, Fax 3 22 49 49, Kategorie 1*

SPIEL UND SPORT

Typisch für Brasília: Es hat eine Autorennstrecke im Setor de esportes. Dort starten und landen auch die *ultra-leves,* Leichtflugzeuge, die eine Person von unter 80 kg auch schon mal zuladen können zum ✷ Panoramaflug über die Retortenstadt. Das Freizeitleben und der Sport spielen sich in den Clubs am Stausee ab. Dazu muß man aber Mitglied sein oder eingeladen werden. Wem das gelingt, dem stehen alle Möglichkeiten offen: Golf, Segeln, Tennis, Volleyball.

AM ABEND

Staat kann Brasília mit seinem Nachtleben nicht gerade machen, aber donnerstags bis samstags vergnügt man sich besonders in den beliebten Bars im *Centro Comercial Gilberto Salomão (Lago Sul). Música popular brasileira* gibt es sogar täglich in der *Blues Time Bar, SCLN 114, Bl. »C«, Tel. 061/ 3 49 45 99*

AUSKUNFT

Ventur
Deutschsprachiges Reisebüro in der Galeria do Hotel Nacional, Loja 1, Tel. 061/2 23 50 02 und 2 23 82 02

ZIELE IN DER UMGEBUNG

Itiquira **(118/B 3)**
Von dem mit 158 m höchsten Wasserfall Brasiliens hat man auch sehr schöne ✷ Ausblicke ins Paraná-Tal. Badegelegenheit. Am Eingang ein leidliches Lokal.

Ausfallstraße BR 020 nach Bahia, Abfahrt Formosa, dann neue Asphaltstraße, nur mit Mietwagen oder organisierter Tour. 140 km

Pantanal **(116/B–C 4–6)**
★ Pantanal heißt Sumpf. Und dieser Sumpf ist so groß wie halb Deutschland. Ein Schwamm, der die Wassermassen aus dem zentralen Hochland Brasiliens auffängt und gleichmäßig wieder nach Süden in den Rio Paraguay abgibt. Das Pantanal ist ein riesiges Süßwasser-Biotop mit überquellendem amphibischem Leben. Ein Paradies für Angler und Vogelkundler. Krokodile sonnen sich am Ufer, man sieht Herden von Wasserschweinen friedlich neben Störchen, Reihern und Marabus. Mancher Nistbaum scheint in voller Blüte zu stehen – dabei sind es nur die Federbälge seiner Gäste, die ihn wie einen Weihnachtsbaum schmücken.

Längst ist das Pantanal nicht mehr unberührt. Große Viehfarmen, teils mit jettauglichen Flugpisten, haben sich angesiedelt. Friedlich grasen Rinderherden neben den Krokodilen. Noch rechtzeitig vor seiner Zerstörung durch Goldsucher, Wilddiebe (Krokodilleder!) und Siedler hat man das Pantanal unter Naturschutz gestellt. Einfallstore in das Pantanal sind die Städte Cuiabá im Norden oder Corumbá im Süden. Beide Orte werden täglich von Brasília, São Paulo und Rio angeflogen. Der beste Zeitraum zum Besuch des Pantanal ist gegen Ende der Trockenzeit von Juni bis Oktober, wenn die Moskitoplage geringer ist.

Auf eigene Faust den Sumpf zu besuchen ist fast unmöglich. Wenigstens drei bis vier Tage muß man einplanen und sich ortskundigen Tourismusunternehmen anvertrauen. Empfehlenswert (und deutschsprachig) in *Rio de Janeiro: KSK Turismo, Rua 7 de Setembro 111, Tel. 021/ 2 24 44 55, Fax 2 52 85 04*

Pirenópolis **(118/A 3)**
Gepflegtes Goldgräberstädtchen (7000 Ew.) im Landesinneren, 1727 gegründet: Katzenkopfpflaster, koloniale Schlichtbauten, ein Badeflüßchen – es tut den Augen nach Brasília besonders gut, wieder alte, krumme Gassen zu sehen. Pfingsten werden Reiterspiele in historischer Tracht aus der Zeit der Kreuzzüge aufgeführt: »Christen« kämpfen zu Pferd gegen »Mauren«. Gute Unterkünfte in der vornehmen *Posada dos Pireneus (103 Zi., Chácara Mato do Sobrado, Tel. und Fax 062/3 31 13 04, Kategorie 1)* und der netten *Quinta Santa Bárbara (20 Zi., Rua do Bonfim 1, Tel. und Fax 062/3 31 13 04, oder Reservierung in Brasília: 061/ 2 48 32 36, Kategorie 2). Beide Häuser nur mit Halbpension.* 130 km

Vale do Amanhecer **(118/B 3)**
Das Zentrum einer spiritistisch-synkretistischen Glaubensgemeinschaft im »Tal der Morgenröte«, von einer Lkw-Fahrerin aus Brasília gegründet. Der Besuch empfiehlt sich nur am Wochenende. Damen sollten keine Hosen und Herren keine Shorts tragen. Man glaubt, in einen Hollywood-Film über die Römer zu platzen. Die Adepten kleiden sich in phantastische Gewänder. Sie gestatten Besuchern die Teilnahme an ihren Riten. Üben Sie entsprechende Rücksichtnahme. *Nur mit Mietwagen.* 140 km

Expeditionen in die »grüne Hölle«

Bedrohte Natur und tropische Abenteuer in den Regenwäldern am Amazonas

Amazonas – ein Mahlstrom der Träume. Führten seine Fluten zum El Dorado – zu der sagenhaften Stadt aus purem Gold? Hauptmann Francisco de Orellana läßt die Expedition von Gonzalo Pizarro in Ecuador im Stich und fährt 1542 auf eigene Faust mit ein paar Mann den Napo hinunter. Die Männer leiden entsetzliche Qualen und verteidigen die nackte Haut gegen die Attacken der Flußindianer, weibliche Krieger, die Amazonen glichen, jenen Fabelwesen aus griechischen Sagen. Orellana erreicht den Atlantik und kehrt mit reichen Schätzen an den Hof von Madrid zurück. Unverzüglich soll er zurückkehren und »Neu-Andalusien« in Besitz nehmen. Das Flußfieber rafft ihn dahin. Im 18. Jh. errichten die Portugiesen Befestigungen in Belém, Santarém, Óbidos, Manaus und noch weiter den Rio Solimões und Rio Negro flußaufwärts. Im 19. Jh. explodiert der Kautschukboom. Heerscharen von Abenteurern und Spekulanten folgen dem Ruf nach Manaus, Leticia und Iquitos, fieberverseuchten Nestern, in denen über Nacht Paläste aus italienischem Marmor entstehen.

Regenwald am Ufer des Rio Madeira in der Nähe von Humaitá

Der Blütentraum vom irdischen Paradies zerfällt schnell, doch in der feuchten Hitze bricht das Fieber immer wieder aus. »Fitzcarraldo« ist keine Erfindung von Werner Herzog, er hat gelebt. Henry Ford hat gelebt und Millionen Dollar am Rio Tapajós mit Gummiplantagen verloren. Ein anderer US-Millionär, Daniel Ludwig, verspielte sein Vermögen am Rio Jari. Amazonien, auch heute noch hat dieser Name magischen Klang. Tausende folgen den Staubstraßen und schlammigen Pisten immer tiefer hinein, um dem roten Boden Schätze abzuringen. Sie hinterlassen zerstörtes Land.

MANAUS

(110/A 4) Eine stinkende Industriestadt (1,5 Mio. Ew.) am Rio Negro. Die Amazonas-Romantik, die Sie vielleicht suchen, werden Sie in dieser Stadt kaum noch finden. Die sechs, sieben Großraumflugzeuge, die täglich aus

São Paulo, Brasília und Rio einschweben, schaffen weniger Naturschwärmer als »Butterfahrer« heran, die im zollfreien Gebiet dem Konsumrausch verfallen, nur um die Lieben daheim mit Videorecordern, Parfums und Uhren zu beglücken. Man sollte wegen der umständlichen Zollabfertigung, die vor dem Abflug stattfindet, bereits zwei Stunden früher einchecken.

Aber Manaus ist der Ausgangspunkt für alle Touren am mittleren und oberen Amazonas (bzw. Solimões – so heißt er nämlich bis zur Vereinigung mit dem Rio Negro, an dem Manaus liegt). Selbst mit kleinen Abstechern in die Wasserwüste läßt sich bereits Amazonien »schnuppern«.

BESICHTIGUNG

Mercado Municipal

Die gußeisernen Markthallen, vor 100 Jahren nach europäischem Vorbild errichtet, haben schon bessere Zeiten gesehen. Unter ihren Dächern spielt sich vormittags das bunte tropische Treiben ab, argwöhnisch von den Geiern bewacht. Empfindlichen Nasen ist der Besuch abzuraten.
Rua dos Barés

Schwimmende Pier

Das ist der Flußbahnhof von Manaus. In alle Himmels- und Flußrichtungen fahren von hier aus die *gaiolas,* die bananenkrummen »Vogelbauer«, ab. Reisende mit Lust auf Abenteuer können sich den Schiffen anvertrauen – am besten mit Hängematte im Oberdeck. Eine solche Flußfahrt macht süchtig. Es ist die bequemste Art des Reisens in Amazonien. Aber man sollte sich darauf ein wenig vorbereiten.

Teatro Amazonas

★ Sie werden kaum Gelegenheit haben, in diesem Prachtbau aus den Zeiten der Gummibarone ein Konzert oder eine Oper zu

Kleiner Hafen an einem der Seitenarme des Rio Negro

MARCO POLO TIPS FÜR DEN NORDEN

1 **Amazon Lodge**
Wie Tarzan im tiefen Dschungel leben und Piranhas angeln (Seite 68)

2 **Teatro Amazonas**
Amazonas-Romantik aus der Zeit des Kautschukbooms (Seite 66)

3 **Salinopolis**
Der vornehme Erholungsort für die Bewohner von Belem mit weiten Stränden am Atlantik (Seite 71)

4 **Ver-O-Peso**
Fisch- und Fruchtmarkt mit starken Gerüchen am Kai von Belém (Seite 69)

5 **Círculo Militar**
Die Amazonas-Küche probieren im alten Fort von Belém (Seite 70)

6 **Serra Pelada**
Das größte Hoffnungsloch der Welt. Hier haben einmal 90 000 Goldgräber gebuddelt (Seite 71)

Oper von Manaus

hören. Trotz Renovierung pfeifen hier eher die Mäuse. Wer hat heutzutage noch das Geld für Bühnenluxus? Doch man sollte das phantastische Bauwerk der Amazonas-Romantik besichtigen. *Mo–Sa 9–16 Uhr, P. São Sebastião, Tel. 092/6 22 24 20*

RESTAURANT

Caçarola
Wer erwartet, in Manaus auf Schritt und Tritt urige Fischlokale zu finden, wird enttäuscht. Aber hier können Sie die vorzüglichen Amazonasfische probieren. *Mo–Sa 11–15 und 18–22 Uhr, Av. Maués 188, Tel. 092/ 2 33 30 21, Kategorie 3*

EINKAUFEN

Zollfreie Elektronik, Parfums, Uhren usw. Für Europäer ist das Angebot wenig aufregend. Interessant sind Indianerschmuck und kunstgewerbliche Gegenstände der Region.

HOTEL

Tropical
Eine einsame Fünf-Sterne-Insel weit und breit: Tennisplätze, ein Wellenbad, sogar ein eigener zoologischer Garten und eine besondere Anlegestelle am Rio Negro. Als Stützpunkt für Touren in die amphibische Welt Amazoniens gut geeignet. *601 Zi., Direktzubringer vom Flughafen bei Vorbuchung, Ponta Negra, 16 km von Manaus, Tel. 092/6 58 50 00, Fax 6 58 50 26, Kategorie 1*

SPIEL UND SPORT

Angeltouren gehören meist auch zu den Pauschalpaketen bei längeren Dschungeltrips. Einen Piranha aus dem Wasser zu ziehen gelingt auch dem ungeübtesten Angler mit einer Schnur, einem Haken und einem Stückchen Fleisch daran. Nur die Hand hat im Wasser nichts zu suchen!

AM ABEND

Für gewöhnliche Sterbliche ist eine Tour durch die schummrigen Kneipen von Manaus ein allzu heißes Pflaster – Vorsicht ist geboten! Trotzdem seien zwei *boîtes* genannt, in denen heiße Lambada angesagt ist: *Hawaii* und *Kalamazou,* die beide an der *Estrada da Ponta Negra* außerhalb des Zentrums liegen.

AUSKUNFT

Emantur
Am Flughafen, Tel. 092/6 52 11 20

ZIELE IN DER UMGEBUNG

Amazon Lodge **(110/A 4)**
★ Interessanter, als viele Tage im Ghetto eines stadtnahen Luxushotels zu verbringen, ist der Aufenthalt in einem der zahlreichen Dschungelhotels, die meist per Außenborder von Manaus angesteuert werden.

Empfehlenswert (und unter Schweizer Führung) ist die *Amazon Lodge (14 Zi.)* am Lago do Juma, 4 Bootsstunden von Manaus, ein schwimmender Bungalow inmitten der unberührten Natur, zu buchen über: *Manaus: Tel. 092/6 22 41 44, Fax 6 22 14 20, oder in Rio: Tel. 021/5 02 22 08. Zwei Tage/drei Nächte pro Person ca. 250 Dollar*

Boa Vista **(109/F 2)**
Die Hauptstadt (100 000 Ew.) des Bundesstaates Roraima, des neuesten Eldorados der Goldsucher, eine Flugstunde von Manaus, zwei Grad nördlich des Äquators. Die Stadt bietet nichts außer fürchterlicher Hitze und einer Landverbindung nach Venezuela (Bus/Jeep bis zur Grenze ca. 12 Stunden).

Flußtouren **(115/F 2–E 1)**
Schiffsreisen auf dem Solimões/Amazonas bieten fast alle örtlichen Reisebüros an. Etwas ganz Besonderes aber ist ein Trip mit der »Tuna« den Rio Negro hinauf. Das Schiff ist ein umgebauter 26-m-Dampfer mit 10 komfortablen Kabinen, Sonnendeck und aller Amazonas-Romantik à la Fitzcarraldo. *Zu buchen über: Safari Ecológico, Manaus, Tel. 092/2 33 69 10 oder in Rio: Tel. 021/2 40 67 85, 3 Tage/Nächte ca. 600 Dollar pro Person*

Porto Velho **(115/E 4–5)**
Rio Branco **(114/C 5)**
Die Hauptstädte der Bundesstaaten Rondônia und Acre, von Manaus eine bzw. zwei Flugstunden entfernt, bieten wenig Sehenswertes. Wild-West-Atmosphäre für Abenteuerlustige.

Santarém **(110/C 4)**
Dies ist die zweitgrößte Stadt des Amazonasstaats Pará, auf halber Strecke nach Belém. Mit dem Schiff kommt man automatisch durch. Hier mündet der Tapajós – und das Farbenspiel der Fluten ist ebenso eindrucksvoll wie bei Manaus.

Tabatinga **(114/B 2–3)**
Nach amazonischen Maßstäben gehören auch noch Orte in 1000-km-Distanz zur »Umgebung«: zwei Flugstunden von Manaus am Dreiländereck von Peru, Kolumbien und Brasilien gelegen. Ein Besuch in diesem Schmugglernest ist etwas für Abenteuernaturen. Man kann von dort per Flugzeug nach Iquitos und Bogotá weiterreisen, aber natürlich nicht am gleichen Tag. Die Unterbringung auf brasilianischer Seite ist primitiv, man wohnt besser in Leticia (Kolumbien), das vom brasilianischen Tabatinga nur durch einen Kreidestrich getrennt ist.

BELÉM

(111/E3) »Bethlehem« (1,1 Mio. Ew.), die Hauptstadt des Bundesstaats Pará, liegt auf einer Halbinsel, die sich wie der Bug eines Schiffs in das Amazonasdelta schiebt. Das Forte do Castelo ist die Galionsfigur Beléms. Von seinen Mauern schweift der Blick weit hinaus auf die Bucht von Marajó, noch Fluß, schon Meer. Hinter dem Fort liegen die malerischen Piers und Schuppen, gewagte Konstruktionen aus Balken und Latten, holzerne Laufstege, die sich im Labyrinth der Buden und Spelunken an den Ufern des Guamá verlieren. Unterhalb der Festung sind die Fischerboote festgetäut. Im Morgengrauen bringen sie ihre Ladung herein, die an Ort und Stelle verhökert wird. Fette schwarze Geier und magere Köter streiten sich um die Reste. Amazonasdschungel im Miniaturformat kann man im Park Rodrigues Alves (an der Straße zum Flughafen) erleben.

Handelshafen von Belém

BESICHTIGUNG

Altstadt
Die Altstadt durchziehen schattige Mangobaum-Alleen, die zum Stadttheater *(Teatro da Paz)* führen und zu einem Dutzend barocker Kirchen. Im Oktober ist die Kathedrale Mittelpunkt der großen Círio-Prozessionen. Ein Platz zum Verweilen ist das *Forte do Castelo* mit einer schönen Aussicht über den immer von Menschen wimmelnden Markt und die Baia do Guajará.

Ver-O-Peso-Markt
★ »Prüfe das Gewicht« heißt dieser Bazar wörtlich, aber Sie sollten lieber auf Taschendiebe achten. Der Markt, in alten Eisenhallen direkt am Pier, bietet so ziemlich alles, was in amazonischen Gefilden krabbelt, wächst und stinkt. Hier müssen Sie unbedingt die *Tacaca* probieren, eine dicke Suppe mit Krabben und Jambo-Gemüse, die in Kokosnußschalen serviert wird. Ihr scharfes, auf der Zunge kribbelndes Aroma wird durch die Blausäure, die der frische, aber nicht mehr der getrocknete Maniok enthält, hervorgerufen.

MUSEUM

Museu Emílio Goeldi
Etwa 15 000 Objekte indianischer Kulturen und über 50 000 Pflanzenarten sind hier archiviert und zum Teil ausgestellt. Riesenschlangen, Krokodile und Affen warten auf Ihren Besuch – die wissenschaftlichen Mitarbeiter des Museums schätzen dagegen eher die Ruhe zum Forschen. Denn hier beschränkt man sich nicht aufs Sammeln und Ausstellen. Mehrere Generationen von Naturwissenschaftlern des Museums haben bahnbrechende Untersuchungen über den Regenwald angestellt. *Di–Do 9–12 und 14–17, Fr 9–12, Sa und So 9 bis 17 Uhr, Av. Magalhães Barata 376*

RESTAURANTS

Círculo Militar
★ Der beste Platz, um die Regionalküche Amazoniens auszuschmecken, z. B. *Pato ao tucupi,* Ente mit dem auf der Zunge kribbelnden Tucupi-Kraut. *Tgl. 12–16 und 18.30–24 Uhr, Forte do Castelo, Tel. 091/2 243 74, Kategorie 2*

O Outro
Gute Amazonas-Küche – wie auch im *Lá em Casa* (gleiches Haus, gleiches Telefon). *Av. Governador José Malcher 247, Tel. 091/2 23 12 12, Kategorie 2*

EINKAUFEN

Gleich neben dem Ver-O-Peso befindet sich ein schmucker Markt für Volkskunst und allerlei Souvenirs: indianischer Federschmuck, Töpferei von der Insel Marajó, ausgestopftes Getier und Ledersachen.

HOTELS

Belém Hilton
Erste Adresse im Zentrum, die alles bietet, was man von fünf Sternen erwarten kann. *361 Zi., P. da República, Tel. 091/2 42 65 00, Fax 2 25 29 42, Kategorie 1*

Excelsior Grão Pará
Das Hotel hat schon bessere Tage gesehen: als nämlich hier die Passagiere der Wasserflugzeuge auf der Route New York–Rio einen Zwischenstopp einlegten. *132 Zi., Av. Presidente Vargas 718, Tel. 091/2 42 90 44, Fax 2 21 46 21, Kategorie 2*

SPIEL UND SPORT

Angeltouren im Amazonasdelta – zu buchen durch die ortsansässigen Reisebüros. Segeltörns sind

Der Küsser

Das Parlament erstarrte. Soeben war der Präsident in sein Amt eingeführt worden. Plötzlich schob sich ein Unbekannter an ihn heran – mit einem Dolch im Gewande? Die Sicherheitsbeamten reagierten nicht schnell genug. Der Mann war schon auf Tuchfühlung mit dem Staatschef gekommen – und drückte ihm ein Küßchen auf die Wange. »Ah – der Beijoquero!« Brasilien atmete auf. Es war ja nur der »Küsser«, der wieder »zugeschlagen« hatte. Andere sammeln Autogramme – der Küsser sammelt Küsse.

möglich, aber schwierig zu organisieren. Am besten im Yachtclub *(Av. Bernardo Sayão 3224, Tel. 091/224 73 99)* nachfragen – dort kann man auch mit Aussicht auf den Fluß nett speisen.

AM ABEND

Lambada – die wurde hier erfunden. Doch Vorsicht! Die zahlreichen Lambada-Tanzschuppen am Rio Guamá sollte man auf keinen Fall allein aufsuchen!

AUSKUNFT

Belémtur
Im Flughafen, Tel. 091/2 11 61 51 (24 h); Av. Gov. José Malcher 592, Mo bis Fr 8–18 Uhr, Tel. 091/2 41 31 94

ZIELE IN DER UMGEBUNG

Marajó **(111/E 3)**
Reiterferien unter Wasserbuffeln auf einer Insel, die so groß wie die Schweiz ist und mitten im Amazonasdelta liegt. *Nur durch örtliche Reisebüros und mit einem Lufttaxi zu erreichen*

Salinopolis **(111/F 3)**
★ Das verhältnismäßig kleine Salinopolis (30 000 Ew.) ist für die Bewohner von Belém dasselbe wie Sylt für die Hamburger. Wer Amazonas-Abenteuer und Strandurlaub sozusagen gleich nebenan, nur gute 220 km von Belém entfernt in östlicher Richtung, erleben möchte, der sollte den Trip an die fast noch unberührten weiten Strände des Atlantiks wagen.

Man kann sich von Fischern oder gewerbsmäßigen Bootsführern an Strände in der weiten Dünenlandschaft schippern lassen. Ein Sonnenschutzmittel sollten Sie dabei allerdings auf keinen Fall vergessen!

Salinopolis ist in rund 4 Busstunden zu erreichen. Vor Ort stehen den Besuchern zahlreiche Hotels, Pousadas und Restaurants zur Auswahl. Empfehlenswert sind u. a. das *Hotel Gringo Louco (»Verrückter Gringo«), Rua do Castelo, an der Ausfahrt nach Capanema (13 gemütliche Apartments, Sauna, Pool, Jet-Ski und Angelausrüstung für die Gäste, Tel. und Fax 091/2 12 33 44, Kategorie 3)* sowie das Hotel *Atalaia Inn (32 Zi., Bar und Restaurant, Rua Caminho das Dunas 1, Tel. und Fax 091/8 24 11 22, Kategorie 2).*

Serra dos Carajás **(111/E 5)**
Die größte offene Eisenerzmine der Welt wurde Ende der 1960er Jahre entdeckt. Die Besichtigung ist nur mit Genehmigung der Betreibergesellschaft Companhia do Vale do Rio Doce möglich. In Carajás, am besten per Flugzeug von Belém zu erreichen, gibt es ein passables Hotel: *Cedro Park, Av. Trocará 1 (Núcleo Carajás), 36 Zi., Tel. 091/3 28 12 38, Fax 3 28 13 66, Kategorie 2*

Serra Pelada **(111/E 5)**
★ Vor zehn Jahren war das *die* Goldmine in Amazonien. 80 000 menschliche Ameisen buddelten dort im Dreck und holten einige Tonnen des begehrten Metalls heraus. Einige hundert Garimpeiros können es nicht lassen, aus dem Abraum noch kleinste Partikel auszuwaschen, ansonsten ist die Serra Pelada ein Barackennest im Dschungel wie viele andere. Nur für Abenteuerlustige! *Bus/Kollektivtaxi von Marabá; tgl. Flugverbindung nach Belém*

Archaisches Hinterland und weite Strände

Unvergeßlich auch Salvador da Bahia, das so farbenprächtige schwarze Rom

Man trifft sie auf Volksfesten und Wochenmärkten, bei Hochzeiten und Begräbnissen oder sonntags auf dem Dorfplatz: phantastisch aussehende Gestalten, in gelbes oder rötlichbraunes Leder gekleidet, auf dem Kopf den helmartigen, hartledernen Hut der Viehtreiber, der ihnen das Aussehen von altzeitlichen Kriegern oder von Banditen verleiht: häufig ein Gewehr auf dem Rücken, an der Seite das säbelgroße Haumesser, zu Pferd, aber auch, aus Armut, zu Fuß, einen Leinensack unter dem Arm, der die Viola, die sechssaitige Gitarre, oder die Rebeca, die viersaitige Violine, enthält. So ziehen sie jahraus, jahrein durchs Land, – Brasiliens *cantadores* oder *trovadores,* die wohl letzten Troubadoure der Menschheit, erfüllt von ihrer Aufgabe, von Gott selbst berufene Dichter und Sänger zu sein, der Wahrheit und Gerechtigkeit zu dienen, den Menschen Neuigkeiten zu bringen und den Lauf der Welt zu kommentieren.

Die Hungersnot und das Hundeleben unter der Knute der Herren zwangen die Menschen zur Wanderschaft. Millionen folgten dem Ruf in die großen Städte. »Es war eine Reise, die nie zu Ende ging, da sie ständig wiederholt wurde von Männern, die den vorausgezogenen wie ein Becher Wasser dem anderen glichen ... Sie zogen durch die Caatinga, ungeachtet der Steine, Dornen, Schlangen und Echsen, strebten vorwärts Richtung São Paulo, wo sie das Land der Verheißung wähnten«, beschreibt es Jorge Amado in »Die Auswanderer vom São Francisco«. Aber der Nordosten entvölkerte sich nicht, denn die Bäuche der Frauen waren fruchtbar, viel fruchtbarer als das Land. Ist das alles schon Geschichte? Nein, der Nordosten ist noch immer Brasiliens Armenhaus. Und die alten Familien bestimmen immer noch, wer regieren darf.

Der »Mönchsfelsen« vor der Insel Fernando de Noronha

SÃO LUÍS

(112/A-B2) São Luís (738 000 Ew.) ist die Hauptstadt des Staats Maranhão, der so groß ist wie Frankreich. Franzosen waren es auch, die sich mit den Holländern im 17. und 18. Jh. um den Besitz der Hafenstadt und ihres Hinterlands stritten. Das koloniale Stadtbild ist noch erstaunlich geschlossen. Der »Balkon« der Stadt, die *Praça Benedito Leite,* bietet eine hübsche Aussicht über die roten Ziegeldächer und die Baia de São Marcos. In São Luís geht es weniger hektisch zu als in anderen brasilianischen Städten vergleichbarer Größe. Vielleicht liegt es an der lastenden Hitze, die gottlob immer wieder durch eine frische Brise vom Meer unterbrochen wird.

BESICHTIGUNG

Centro Histórico
Ein Spaziergang durch die Gassen der oberen Altstadt mit dem Besuch der barocken Kirchen oder des Löwenpalasts aus dem 18. Jh., heute Sitz des Gouverneurs, vorbei an vielen Brunnen, mit einer Ruhepause auf der schattigen Praça Dom Pedro. Viele ein- und zweistöckige Häuser mit schönen Balkonen und fliesenverkleideten Fassaden aus der Kolonialzeit sind bis heute erhalten.

Häuser am Strand von São Luís

MUSEUM

Museu de Artes Visuais
Historisches Museum mit angeschlossener Kunstgalerie. *Di bis Sa 9–21 Uhr, Rua Portugal 273 (Centro Histórico)*

RESTAURANT

Den zahlreichen Fischlokalen an der Praia kann man sich relativ bedenkenlos anvertrauen, wenn man sich vor der Zubereitung von der Frische der Fische und Schaltiere überzeugt.

Base do Rabelo
Empfehlenswert zum Kennenlernen der regionalen Küche. *Tgl. 11–24 Uhr, Av. dos Holandeses 144 (Calhau), Tel. 098/2 48 62 44, Kategorie 3*

EINKAUFEN

Centro de Artesanato
Besonders die Pappmaché-Masken von den »Bumba meu boi«-Festen sind schön. *Mo–Fr 9–19 Uhr, Rua São Pantaleão 1232*

HOTELS

Sofitel São Luís
Am Strand das erste Haus, das den Komfort eines Fünf-Sterne-Hotels bietet. *109 Zi., Praia do Calhau, Tel. 098/2 35 45 45, Fax 2 35 49 21, Kategorie 1*

Vila Rica
In der oberen Altstadt, angenehm und bequem. *213 Zi., P. Dom Pedro II 299, Tel. 098/2 32 35 35, Fax 2 32 72 45, Kategorie 1*

AUSKUNFT

Maratur
Rua Djalma Dutra 61-A, Tel. 098/ 2 32 53 55

ZIELE IN DER UMGEBUNG

Alcântara **(112/A 2)**
Eine koloniale Geisterstadt auf der anderen Seite der Bucht. Nur noch wenige Menschen und Katzen wohnen in den Halbruinen des 18. Jhs. Supersüße nostalgische Atmosphäre und in der Umgebung schöne Strände. Man kommt nur mit dem Boot

MARCO POLO TIPS FÜR DEN OSTEN

1 O Alfredo
Gemütliche Pinte mit riesigen Fischportionen an der Strandpromenade von Fortaleza (Seite 76)

2 Juazeiro do Norte
Um den Staub zu schmecken und die Atmosphäre im Hinterland des Nordostens (Seite 78)

3 Museo do Homem do Nordeste
Eindrucksvolles (kleines) Museum in Recife über die Volkskultur und die Zuckerplantagen in Pernambuco (Seite 79)

4 Olinda
Koloniale Kleinstadt vor den Toren Recifes mit krummen Gassen und munterem Künstlerleben (Seite 82)

5 Casa da Cultura
Im ehemaligen Gefängnis von Recife findet sich die reichhaltigste Auswahl der Volkskunst Brasiliens: in jeder Zelle ein Schnäppchen (Seite 80)

6 Bargaço
Fischlokal in Recife mit großer Auswahl frisch vom Fang (Seite 79)

7 Altstadt Salvador
Bummel durch die barocke Welt der alten Hauptstadt Brasiliens und Besuch der prächtigen Kirchen rings um die Praça Anchieta (Seite 84)

8 Praia de Itapoã
Strandleben und spontane Musik unter Kokospalmen (Seite 86)

9 SENAC
Das Restaurant der Hotelfachschule von Salvador ist der beste Ort, um alle bahianischen Köstlichkeiten auszuprobieren (Seite 85)

10 Macumba/Umbanda
Besuch einer Afro-Kultstätte, um zu spüren, wie nahe der Schwarze Kontinent liegt – falls nicht gerade eines der vielen afrochristlichen Feste in Salvador stattfindet (Seite 86)

hin. *Anlegestelle direkt unterhalb des Centro Histórico, Hinfahrt 8 Uhr, zurück 13–15 Uhr je nach Tide, die Überfahrt dauert etwa eine Stunde*

FORTALEZA

(113/D 2) Daß Fortaleza (1,8 Mio. Ew.), die Hauptstadt der armen Nordostprovinz Ceará, eine schöne Stadt ist, kann man schwerlich behaupten. Aber dafür hat man ja den Strand. Und was für einen!

Fortaleza wurde von den Holländern gegründet und trug den Namen Schoonenborch – doch daran erinnert fast nichts mehr. Fortaleza muß so gut wie ohne koloniale Kleinodien auskommen, hat jedoch ein schönes Jugendstiltheater und ist eine lebenslustige Fischer- und Badestadt. Die Fischer kommen mit ihren zerbrechlich scheinenden, flachen *jangadas* (Segelflößen) direkt an den Strand und breiten die Meeresfrüchte aus, an denen man sich hier mehr als andernorts preiswert satt essen kann. Weltruhm haben die Langusten. An die bettelnden Blicke der Kinder muß man sich dabei wohl gewöhnen – Fortaleza ist immer noch der vermeintlich sichere Hafen der Flüchtlinge aus dem knochentrockenen und unterentwickelten Hinterland, das von periodischen Hungersnöten heimgesucht wird.

BESICHTIGUNG

Altes Stadtgefängnis
Das festungsartige, bemooste Verlies steht nun allen Bürgern in beiden Richtungen offen. Der Reisende kann im Innenhof unter schattigen Bäumen nicht nur eine Kaffeepause einlegen, sondern auch das Folkloremuseum besuchen. Es gibt einen guten Überblick vom Blechspielzeug für Kinder bis zu Exvotos der Gläubigen. *Mo–Sa 8–18, So 8 bis 14 Uhr, Rua Senador Pompeu 350*

Strandpromenade
Ein Bummel am Strand ist das Hauptvergnügen der Fremden und Einheimischen. Es weht immer eine frische Brise, es gibt immer was zu sehen – und es ist sicherer als an der Copacabana.

MUSEUM

Museu Histórico e Antropológico do Ceará
Die Geschichte der Region ist mit reichen Beständen dokumentiert. *Di–Fr 8–18, Sa 8–12 Uhr, Av. Barão de Studart 400*

RESTAURANTS

Hofbräuhaus
Wer partout kein Seegetier mag (es gibt in allen Fischrestaurants auch Fleischgerichte), findet hier sogar deutsche Küche. *Di–Sa 18–24, So 12–23 Uhr, Rua Costa Barros 1088 (Aldeota), Tel. 085/ 2 21 61 70, Kategorie 2*

O Alfredo
★ Dieses Fischlokal an der Küste ist eine Institution. Es bietet zu volkstümlichen Preisen und in lockerem Ambiente alles an maritimen Leckereien, was das Meer hergibt. *Tgl. 11–13 Uhr, Av. Presidente Kennedy 4616, Tel. 085/2 24 27 11, Kategorie 3*

Trapiche
Große Auswahl an Fischen und Schalengetier. *Nur mittags geöffnet,*

Av. Presidente Kennedy 3956, Tel. 085/2 44 44 00, Kategorie 2

EINKAUFEN

Fortaleza ist der beste Ort, um Hängematten und Spitzendekken zu kaufen. Die größte, fast überwältigende Auswahl haben Sie in den Arsenalen des alten Gefängnisses (heute Centro Turístico). *Rua Senador Pompeu 350*

HOTELS

Alle Hotels an der *Av. Presidente Kennedy,* der Strandpromenade, sind von gutem Durchschnitt, aber auch von großer Einheitlichkeit. Im Grund ist es gleich, wo Sie übernachten. Um drei aus einem Dutzend der Kategorie 1 herauszugreifen: *Ponta Mar (Nr. 2200, Tel. 085/2 44 90 00, Fax 2 44 78 88); Imperial Othon Palace (Nr. 2500, Tel. 085/2 44 91 77, Fax 22 47 77); Novotel Magna Fortaleza (Nr. 2380, Tel. 085/2 44 91 22, Fax 2 61 27 93)*

SPIEL UND SPORT

In und um Fortaleza finden Sie die schönsten Dünenstrände des Nordostens. Je weiter von der Stadt, desto klarer ist das Wasser und desto ruhiger das Strandleben. Mit einem Strand-Buggy können Sie auf Entdeckungsreise gehen oder mit Fischern zum Fototermin oder Fischfang auf einer *jangada* durch die Brandung rauschen, sollten dann aber ein sicherer Schwimmer sein.

Im Umkreis von 100 km finden sich jede Menge paradiesischer Strände mit Dünen, Palmen und Lagunen. Am besten fährt man mit dem Mietwagen immer dicht an der Küste entlang und dann die Stichstraßen hin zum Meer. Sie werden dort nicht die ersten sein – aber auch nicht zum letzten Mal diese Superstrände besuchen.

AM ABEND

Schwof am Strand. Das Besondere an Fortaleza (und dem Nordosten) sind die *forro*-Lokale. *Forro* ist verballhorntes Englisch und heißt *for all.*

Babilônia
Einer der beliebtesten Showpaläste in Fortaleza. Hauptsächlich *Música popular brasileira. Av. Santos Dumont 5779, Varjota, Tel. 085/ 2 34 67 42*

AUSKUNFT

Setur
Rua Senador Pompeu 350 (Centro de Turismo), Tel. 085/15 16

ZIEL IN DER UMGEBUNG

Iguape **(113/D 2)**
Iguape liegt nur 40 km südlich von Fortaleza, täglich fährt ein Bus dorthin. Das Fischerdorf kauert jenseits einer Lagune versteckt hinter Dünen. Große Hotels gibt es nicht, man muß sich selber Unterkunft suchen, vielleicht auch ein Wochenendhaus mieten. Wind und Wellen haben hier die Dünen zu mächtigen Wandergebirgen aufgetürmt, von deren Kamm die Buben aus dem Dorf auf Brettern herabrodeln. Nachmittags ist alles auf den Beinen, um den Fang der Fischer zu begutachten. Über die stürmische See kommen die Dreieckssegler herein.

Strandabenteuer

Ein Tourist – sein Name sei hier verschwiegen – schien sich ganz sicher. Seine persönlichen Sachen pflanzte er samt Kamera obenauf in den Sand und ging rückwärts ins Wasser: Kamera und Klamotten immer fest im Blick. Bis eine Welle heranrauschte und irgendwer ihn länger unter Wasser hielt. Als der sicherheitsbesorgte Tourist wieder auftauchte, waren seine Sachen am Strand verschwunden. Unglaublich!

Juazeiro do Norte (113/D4)

★☆ Die Pilgerstadt (180 000 Ew.) zeigt dem Besucher den Nordosten »pur« in seiner ganzen Kargheit. Nur der Himmel der kleinen Leute ist reich. Jedes Jahr ziehen am 1. und 2. November lange Prozessionen, *romarias,* an die Stätten der Wunder und Heiligen. Besonders nach Juazeiro. Denn hier lebte und predigte Padre Cícero, *O padim,* der kleine Pater, der Lahme laufen und Blinde sehen machen konnte. Nun steht er oberhalb der Stadt, steif wie ein Stock, ein gipsweißes Standbild, 25 m hoch. Die Sonne brennt unbarmherzig auf die Pilger, die auf Lastwagen viele hundert Kilometer weit gekommen sind und dann singend, betend und auf den Knien den spitzsteinigen Kreuzweg zum Monument hochrutschen. Die Stadt ist voller Devotionalienhändler, die Statuen des Padre in allen Größen verkaufen. Aus der Kathedrale dringen süße Gesänge, und draußen auf dem Platz summt der Jahrmarkt der Frömmigkeit. 528 km

Praia do Futuro (113/D 2)

☆ Pulsierendes Strandleben, und zwar nonstop. Jeder Teutone sieht bald wie ein gesottener Krebs aus. Deshalb die Sonnenschirme nicht verachten! Lassen Sie sich eisgekühltes Bier bringen, Holzbrett und Schlegel – und dann die frischen Krebse zum Knacken. 8 km

RECIFE

(113/E 4) Metropole des Nordostens, Einfallstor der Charterflieger und Hauptstadt (1,4 Mio. Ew.) der traditionsreichen Provinz Pernambuco. Statt »Riff« trug die Stadt einmal den Namen »Moritzburg«, und die gebildeten Pernambucaner sind heute noch stolz darauf. Denn es war Moritz von Nassau, der im Auftrag der holländischen Westindischen Compagnie den Landstrich in Besitz nahm, um ihn für den Anbau von Zuckerrohr

Bahnhof in Recife

urbar zu machen. Moritz von Nassau muß ein sehr fortschrittlicher Mann gewesen sein, denn er holte Künstler und Wissenschaftler nach Brasilien und förderte das friedliche Zusammenleben von Menschen aller Rassen und Religionen. Den holländischen Pfeffersäcken ging das zu weit, und sie beriefen ihren erfolgreichen Statthalter ab. Nicht lange darauf zerfiel die Kolonie, und die Portugiesen eroberten Pernambuco zurück.

Geblieben ist die Monokultur des Zuckerrohrs, das auf dem fruchtbaren Küstenstreifen wie ein tiefgrünes Meer unter dem azurnen Himmel wogt. Und geblieben sind die Bauwerke, die Moritz von Nassau errichten ließ, um aus Recife ein zweites Amsterdam zu machen.

BESICHTIGUNG

Altstadt

Tagsüber kocht die Altstadt vor Menschenmassen über. Fast jede Gasse ist in einen schreienden Basar verwandelt. Lassen Sie sich in der Menge treiben. Anhaltspunkte mögen die barocken Kirchen und Klöster sein. Das alte Zentrum von Recife liegt auf einer Halbinsel, die mit der Hafenvorstadt und der Neustadt durch viele Brücken verbunden ist. An der Nasenspitze dieser Halbinsel liegen der *Regierungspalast*, das *Teatro Santa Isabel* und der *Gerichtshof*.

Die belebte *Avenida Dantas Barreira* führt tiefer ins Herz der Altstadt, das beim *Convento do Carmo* (Karmeliterkloster) und auf dem *Patio de São Pedro* schlägt, einem schön restaurierten Kirchenvorplatz mit einigen Kneipen für ein Ruhepäuschen. Die Kirche *São Pedro dos Clérigos* liegt an der Stirnseite des Platzes und hat eine schönen Fassade im Stil des lusitanisch-brasilianischen Barocks. Die achteckige Kuppel birgt großartige illusionistische Deckenmalereien.

Das *Convento de Santo Antônio* in der Rua do Imperador beherbergt die kostbar, aber nicht überladen ausgestattete *Capela Dourada*. Ebenfalls im Viertel Santo Antônio liegt das sternförmige *Forte Cinco Pontas* (Fort der fünf Spitzen), das die Holländer erbauten und in dem sie dann ihre Kapitulation unterzeichnen mußten. Heute befindet sich hier ein kleines Museum.

MUSEUM

Museu do Homem do Nordeste

★ Die lange Anfahrt lohnt sich. Die Geschichte der Sklaverei und Zuckerwirtschaft ist sehr instruktiv dargestellt. Dazu wunderschöne brasilianische Volkskunst. *Di–Mi und Fr 11–17, Sa und So 13–17 Uhr, Av. 17 de Agosto 2187 (Casa Forte), weit vom Zentrum und am besten per Taxi zu erreichen*

RESTAURANTS

Bargaço

★ Fisch in allen Variationen – besonders *peixada*, eine Fischsuppe, die jede Bouillabaisse in den Schatten stellt. Angenehm. *Tgl. 12–24 Uhr, Av. Boa Viagem 670, Tel. 081/4 65 18 47, Kategorie 2*

Marruá

Gleiches Niveau, aber teurer als das Bargaço. *Tgl. 12–24 Uhr, Rua dos Navegantes 363, Boa Viagem, Tel. 081/4 65 11 60, Kategorie 1*

Porcão
Exzellente Rodízio-Portionen. *Tgl. 11–0.30 Uhr, Av. Engº. Domingos Ferreira 4215, Boa Viagem, Tel. 081/4 65 39 99, Kategorie 1*

EINKAUFEN

Der Nordosten Brasiliens liefert die schönste Volkskunst. Ein Einkaufsparadies dafür ist das alte Gefängnis, heute ★ *Casa da Cultura.* Das Gebäude ist eindrucksvolles Beispiel zweckgerichteter Barockarchitektur. Zum Glück hallen aus den Zellen nicht mehr die Schreie der Gefangenen, sondern nur noch die der Händler. Klöppel- und Stickarbeiten, Holzplastiken, Lehmfiguren und Hängematten gehören zum reichen Angebot. Im Gefängnishof improvisierte musikalische Ständchen. *Rua Floriano Peixoto*

HOTELS

Grundsätzlich muß man sich entscheiden, ob man in der heruntergekommenen Altstadt wohnen möchte oder an Recifes »Copacabana« Boa Viagem, wo sich die meisten Touristenhotels befinden. Dort liegen die besseren Herbergen, die Auswahl ist größer und der Strand nahe.

Castelinho Praia
Das »Schlößchen« unterscheidet sich wohltuend von den ansonsten recht gleichförmigen Hotelkästen. *40 Zi., Av. Boa Viagem 4520, Tel. 081/3 26 11 86, Fax 4 65 11 50, Kategorie 2*

Die Avenida Guarapes im Zentrum von Recife

AM ABEND

Diskos, Nachtclubs *(boîtes)* und Nepplokale sind die bedauerlichen Folgen des Massentourismus, der vor Recife nicht haltgemacht hat. Eindeutige Offerten für alleinstehende Herren gehören dazu. Recife gilt inzwischen leider als Geheimtip für »liebesbedürftige« Touristen.

AUSKUNFT

Sevagtur
Rua Setúbal 60 (Boa Viagem), Tel. 081/3 25 31 77

ZIELE IN DER UMGEBUNG

Caruaru **(113/E 4)**
Die Provinzstadt (160 000 Ew.) in den Bergen bildet einen harten Kontrast zum tropischen Dolcefarniente an der Küste. Hier spürt man das steinerne, trockene Herz des Nordostens schlagen. Die Stadt ist berühmt für ihre Bänkelsänger und Lehmfiguren. 135 km

Fernando de Noronha **(113/F 2)**
Der östlichste bewohnte Punkt Brasiliens mitten im Südatlantik, rund 200 km vor der Küste und 525 km von Recife: das sind 18 felsige Quadratkilometer unter Naturschutz, 1500 Insulaner, viele private Pousadas durchwachsener Qualität und ein simples Gästehaus, ein US-Relikt aus dem 2. Weltkrieg. Die Insel ist etwas für Tauchfreaks und solche, die »schon alles gesehen haben«, kommt das Vergnügen doch recht teuer zu stehen, auch wenn Tieftauchen sogar für Nichtschwimmer geboten wird. *Tägliche Flugverbindung von/nach Recife bzw. Natal, Buchung am besten über Reisebüros, eine ziemlich üppige Umweltsteuer ist bei der Anreise in bar (Landeswährung!) zu entrichten*

João Pessoa **(113/E 4)**
Die Hauptstadt (250 000 Ew.) des Nachbarstaats Paraíba bietet einige hübsche Kolonialbauten und nach Meinung vieler Kenner die schönsten stadtnahen Strände. 120 km

Die Atlantikküste bei Natal bietet viel Abwechslung

Natal **(113/E 3)**
Noch eine weitere Perle in der 8000 km langen Kette tropischer Strände. Die Hauptstadt von Rio Grande do Norte hat mit einer fast 100 m hohen Düne, die direkt ins Meer stürzt (Sand-Skilaufen!) eine besondere sportliche Attraktion. Faszinierend sind Dünenfahrten mit VW-Buggies – die man nur mit einem Mietfahrer machen kann. 300 km

Porto de Galinhas **(113/E 4)**
Ein bislang noch ruhiger Platz unter Kokospalmen und Mangroven an glasklarer See. Hier fehlt die Bremswirkung des Riffs, so daß meist eine schöne Brandung rollt. 65 km

OLINDA

(113/E4) *»O … linda!«, »O … Schöne«*, dieser begeisterte Ausruf bei Anblick des Orts, der ihm der Sage nach den Namen gab, stellt sich beim Besucher auch heute noch ein. Auf einer Anhöhe über dem Meer gelegen, besitzt diese Stadt neben Ouro Preto und Parati das geschlossenste ★ barokke Stadtbild unter dem brasilianischen Kreuz des Südens. Die Stadt (380 000 Ew.) liegt nur 7 km vor den Toren Recifes, lohnt aber einen längeren Aufenthalt.

BESICHTIGUNG

Die Kopfsteinpflastergassen hinaufsteigen und die Stadt auf eigene Faust entdecken – hier kann man es, denn der alte Stadtkern ist für den Normalverkehr gesperrt. Die frühere Hauptstadt Pernambucos wurde schon 1537 gegründet, und im *Mosteiro de São Bento* entstand 1827 die erste Rechtsschule Brasiliens. Man kann einige Räume des Klosters und die interessanten Holzschnitzereien der Kapelle besichtigen.

Vom Vorplatz der Kathedrale, *Igreja da Sé,* genießt man einen schönen Blick über die Stadt, das Meer und die Küste bis Recife. Der berühmteste der Erzbischöfe von Olinda und Recife war der sozial engagierte Don Hélder Câmara. Im früheren bischöflichen Palast befindet sich jetzt das *Museu de Arte Sacra de Pernambuco.* Hügelan geht es zur Kirche der Jesuiten, *Nossa Senhora da Graça* mit ihrer einfachen geraden Fassade. Das Franziskanerkloster mit seiner Kirche *Nossa Senhora das Neves* liegt dekorativ am Hang. Es ist wegen der vielen bemalten Kacheln (Azulejos) sehenswert.

RESTAURANT

L'Atelier
Wie der Name schon sagt: ein französisches Restaurant in einem schönen alten Kolonialhaus mit einer Menge Bilder an der Wand. *Ab 19 Uhr, Rua Bernardo Vieira de Melo 91, Tel. 081/ 4 29 30 99, Kategorie 2*

EINKAUFEN

Feira de Arte e Artesanato
Volkskunst wie in Recife, aber in geringerer Auswahl. Bilder der Künstlerkolonie Olinda. *Hauptsächlich am Wochenende, Alto da Sé*

HOTELS

Amoaras
International und komfortabel, wenn auch etwas außerhalb gelegen. *77 Zi., Rua Garoupa 525, Tel. 081/4 36 13 31, Fax 4 35 18 80, Kategorie 2*

Pousada dos Quatro Cantos
Eine charmante Herberge im Gassengewirr Olindas. Am besten sind die Zimmer mit Veranda. *15 Zi., Rua Prudente de Morais 441, Tel. 081/4 29 33 33, Fax 4 29 18 45, Kategorie 2*

AM ABEND

Beim Bummel durch die stimmungsvollen, steilen Altstadtgassen kann man in manches Künstleratelier blicken. Musik liegt in der Luft, immer wieder schallt aus einer der kleinen Kneipen eine Serenada.

ZIELE IN DER UMGEBUNG

Igarassu **(113/E 4)**
Uraltes Kolonialdorf, inzwischen leider etwas heruntergekommen. In der Nähe sind die Überreste einer Zuckerrohrplantage aus dem 18. Jh. zu sehen. 30 km

Itamaraca **(113/E 4)**
Auf der Insel finden sich die älteste Zuckermühle der Holländer und ein stattliches Küstenfort – »Fort Orange« –, das sich in den smaragdenen Fluten des Ozeans spiegelt. Ein beliebtes Naherholungsgebiet der Recifenser, die immer mehr Wochenendhäuschen unter die Kokospalmen setzen. 40 km

SALVADOR DA BAHIA

(119/F 2) Cidade do São Salvador da Bahia de Todos os Santos, das ist der vollständige Name der »Stadt des Erlösers an der Bucht aller Heiligen«. Die schwarze Seele Brasiliens nistet in ihren Mauern. Der Rhythmus, die sinnliche Vitalität und Frömmigkeit Bahias sind die Hefe der brasilianischen Kultur. In den Ruinen dieser Stadt steht die Wiege der brasilianischen Musik. Fast alle großen Sänger Brasiliens pflegen zu Salvador da Bahia eine besondere Beziehung. Der Seebär Amérigo Vespucci, nach dem einmal die Neue Welt getauft werden sollte, entdeckte 1501 die Vorzüge der weiten

Der moderne Teil von Salvador da Bahia mit den stadtnahen Stränden

geschützten Bucht. 1549 wurde Salvador gegründet und blieb 200 Jahre lang Hauptstadt des tropischen Reichs, bis im Jahr 1763 Rio de Janeiro die Krone an sich riß.

Der Reichtum Salvadors, das Gold seiner prächtigen Kirchen, beruhte auf brutaler Sklaverei. Millionen afrikanischer Sklaven wurden als »schwarzes Gold« aus Afrika verschleppt, um auf den Plantagen der portugiesischen Kolonie buchstäblich verheizt zu werden.

Fast alle Bewohner von Salvador da Bahia (2,5 Mio. Ew.) sind Nachkommen afrikanischer Sklaven. Nur die kleine herrschende Oberschicht versucht der Sonne aus dem Weg zu gehen, um einen möglichst hellen Teint zu behalten. Die Sklaverei wurde erst 1889 aufgehoben, aber sie hat bis heute tiefe Spuren in der Volksseele hinterlassen. Dazu gehören sicher auch Charaktereigenschaften wie Indolenz gegenüber erzwungener Arbeit, Genügsamkeit und Gottvertrauen, vor allem aber die Identifikation mit den uralten afrikanischen Traditionen, Riten und Rhythmen, die den Sklaven die seelische Kraft zum Überleben gaben. Karneval, *Capoeira* (Kampftanz) und *Candomblé* (religiöser Kult) sind die Elemente einer Kultur des Widerstands – die weiße Oberschicht lehnte sie immer als barbarisch ab. Auch heute noch wirkt die sinnliche Volkslust Salvadors auf viele verklemmte Besucher aus dem trüben Europa wie ein Kulturschock, der schon manche aus der gewohnten Bahn von Sozialversicherung und Terminkalender geworfen hat.

BESICHTIGUNG

Oberstadt

★ Die Altstadt besteht aus zwei Etagen, die durch einen Lift (und einen Schrägaufzug) miteinander verbunden sind. Die schönsten Gassen, Plätze und Kirchen befinden sich in der Oberstadt. Genießen Sie als erstes den Blick vom »Balkon« Bahias, der *Praça Tomé de Souza* gleich neben dem Regierungspalast *Palácio Rio Branco.* Von dort schlendern Sie über die Rua Misericórdia zur *Praça da Sé* mit dem *Bischofspalast* und weiter zur *Praça Anchieta,* in deren Umkreis sich einige der schönsten Kirchen Salvadors befinden.

Die Kirche des ehemaligen Jesuitenkollegs, 1657–1672 erbaut, ist heute *Kathedrale (Terreiro de Jesus).* Sie hat eine prächtige vergoldete Kassettendecke, die Sakristei hinter dem Chor gilt als schönste in ganz Lateinamerika. *Kirche und Kloster der Franziskaner* befinden sich am Ende des *Terreiro de Jesus* in einer kurzen Stichstraße. Überreich vergoldetes Schnitzwerk überzieht den ganzen Innenraum. Links neben der Klosterkirche, mit der Front bereits in einer Seitengasse, liegt die Kirche des Laienordens, *Igreja da Ordem Terceira de São Francisco.* Ihre über und über mit Figuren und Ornamenten geschmückte Fassade ist einzigartig im brasilianischen Barock.

Den *Pelourinho* (wörtlich der »Platz zum Auspeitschen«), den alten Sklavenmarkt und Treffpunkt der Händler, erreicht man über zwei schmale Gassen von der Praça Anchieta aus. Der steile, mit Katzenköpfen gepflasterte Platz mit den schönen Barockhäusern wurde mit vielen Millionen aus dem UN-Kulturfonds wieder instandgesetzt. Vom unteren Ende des Pelourinho steigt eine Gasse hoch zum *Karmeliterkloster (16.–19. Jh.).*

Unterstadt
Die Straßen säumen unzählige Bankpaläste des 19. Jhs. – nur umgesetzt wird heute nicht mehr viel. Direkt am Hafen der *Mercado Modelo,* ursprünglich ein Sklavenmagazin und später das Zollamt, ein Dutzend Male abgebrannt und wegen der Touristen nun wieder aufgebaut. Er ist vollgestopft mit Souvenirläden – aber ein Päuschen im Terrassenlokal *Maria de São Pedro* mit dem schönen Blick auf das Treiben im Hafen lohnt sich.

MUSEEN

Casa da Cultura Jorge Amado
Eingerichtet zu Ehren des bekanntesten bahianischen Schriftstellers, dessen Romane (z. B. »Gabriela wie Zimt und Nelken«) in alle Weltsprachen übersetzt wurden. *Mo–Fr 9–18 Uhr, Largo do Pelourinho*

Museu da Cidade
Das kleine Museum in einem kolonialen Eckhaus öffnet dem Besucher die Augen über das dunkle Kapitel der Sklaverei und die kreative Phantasie ihrer Opfer. *Di–Fr 10–18, Sa und So 13–17 Uhr, Largo do Pelourinho 3*

Museu de Arte Sacra
Eine wichtige Sammlung sakraler Kunst in dem sehr ansehnlich renovierten ehemaligen Karmeliterkloster. *Mo–Fr 12.30–17.30 Uhr, Rua de Sodré 276*

RESTAURANTS

O Lagostão
Umfangreiche Speisekarte (auch in deutsch) mit vielen Meeresfrüchten. Freundliche Bedienung. *Tgl. 11–24 Uhr, am Strand von Itapoã, Rua Prof. Brito 12, Tel. 071/2 49 36 46, Kategorie 2*

SENAC
★ Bahias Küche ist so afrikanisch wie seine Musik. Der beste Platz, um festzustellen, was behagt, ist die Hotelfachschule in einem schönen Kolonialhaus. Blutjunge Kellner bedienen, und an einem Riesenbuffet stellt man sich selbst die Speisen zusammen. *Mo–Sa 11.30–15.30 und 18.30–22, So 11.30–15.30 Uhr, jeden Mi 18.30 Uhr Folkloreshow, Largo do Pelourinho 13, Tel. 071/3 21 55 02, Kategorie 2*

Solar do Unhão
Ein ehemaliges Magazin mit Zuckermühle und Hauskapelle, direkt am Wasser gelegen. Der richtige Rahmen, um stilvoll zu speisen. Abends mit Folkloreshow. Aus Gründen der Sicherheit besser nur mit Taxi ansteuern. *Tgl. 12–24 Uhr, Av. do Contorno, Gamboa, Tel. 071/3 21 55 51, Kategorie 2*

EINKAUFEN

Largo do Carmo
Gegenüber der Klosterkirche finden sich einige gut ausgestaltete Läden mit großer Auswahl an rohen, geschliffenen und gefaßten Edelsteinen.

Mercado Modelo
Trotz der vielen aufdringlichen Händler findet man hier am Ha-

Bunte Häuser und Barockkirchen prägen die Altstadt von Salvador

fen alles, was das Herz begehrt: Taschen, Tücher, Spitzen, Musikinstrumente, Kitsch, Krims und Krams.

HOTELS

Enseada das Lajes
Intimes und komfortables Hotel auf einem Hügel an der Bucht von Praia do Rio Vermelho. Der Service ist exzellent und sehr persönlich. *9 Zi., Av. Oceânica 511, Morro da Paciência, Tel. 071/3 36 10 27, Fax 3 36 06 54, Kategorie 2*

Hotel do Farol
Das gute Mittelklassehotel liegt am traditionellen Stadtstrand der *Barra* und besticht u. a. mit dem tollen Blick auf Strand und Leuchtturm. *77 Zi., Av. Presidente Vargas 68, Tel. 071/3 36 66 11, Fax 2 45 44 36, Kategorie 2*

Sofitel Salvador
Mit Hubschrauberlande- und Golfplatz. Am Leuchtturm von Itapoã, wo die schönsten Strände sind. *195 Zi., Rua Passárgada, Tel. 071/3 74 96 11, Fax 3 74 69 46, Kategorie 1*

Tropical da Bahia
Zentral gelegenes Luxushotel. *292 Zi., P. 5 de Julho 2, Campo Grande, Tel. 071/3 36 01 02, Fax 3 21 97 25, Kategorie 1*

SPIEL UND SPORT

Die Strände sind alle mit dem Bus zu erreichen. Es gilt die alte Regel: Je weiter stadtauswärts, desto sauberer! Das Baden ist erst ab *Farol da Barra,* dem Leuchtturm von Barra, empfehlenswert. Die besten Strände im Einzugsbereich der Stadt sind (in Flughafennähe) am ★ *Farol de Itapoã.* An der Praia de Itapoã, dem vielbesungenen Strand der Verliebten, scheint der Sand besonders fein, der Surfwind immer richtig und der Atlantik besonders weit und blau zu sein.

AM ABEND

In den vielen Restaurants und Pinten entlang der Strände ist immer etwas los, etwa in der Restaurant-Tanzbar *Casquinha de Siri (Tel. 071/2 49 12 34)* an der Praia do Flamengo.

Auch wenn es inzwischen touristisch organisiert ist: Die Teilnahme an einer ★ Candomblé-Séance sollte man sich in Salvador nicht entgehen lassen. Für manche ist der Macumba eher ein Grusel- als Kribbelgefühl angesichts taumelnder, in religiöse Ekstase fallender rüschenweißer Bahianas. Die Hotels bzw. Reisebüros wissen am besten, welches *terreiro* gerade Besucher zuläßt und welche *Mãe dos Santos* (Mutter der afrikanischen Heiligen) sich dazu herabläßt.

Capoeira, der tänzerische Kampfsport der Sklaven, dürfte

für steife Nordländer kaum zu erlernen sein. Aber warum nicht Samba und Lambada versuchen? *New Freds, ab 22 Uhr, Rua Visconde de Itaboraí 125, Amarelina*

AUSKUNFT

Disque Turismo
Tel. 071/131, 7–24 Uhr

ZIELE IN DER UMGEBUNG

Cachoeira **(119/E 1)**
Ein verträumtes Kleinod der Kolonialarchitektur. Man kann im früheren Kloster wohnen, mit Pool und stillem Innenhof *(Pousada do Convento, Rua Inocêncio Boaventura, 26 Zi., Tel. 075/7 25 17 16, Kategorie 2).* Die alte Eisenbahnbrücke führt ins Nachbarstädtchen *São Felix,* aus dessen Umgebung die duftigen Brasil-Zigarren kommen. Die alte Dannemannsche Tabakmanufaktur ist heute Kulturzentrum. 120 km

Ilhéus **(119/E 2)**
Die Hauptstadt des Kakaos hat schon bessere Zeiten gesehen. Unbedingt frischen, echten Kakaosaft aus dem Fruchtfleisch probieren – nicht vergleichbar mit unserer heißen Schokolade! Rundherum gibt es schöne Strände. 460 km

Itaparica **(119/E 2)**
Die größte Insel der »Allerheiligen«-Bucht erreicht man mit einer Barke, die beim Mercado Modelo ablegt, oder in einer knappen Stunde per Autofähre. Im Kontrast zum quirligen Salvador bietet die Insel ein Dutzend schöner Strände, zahlreiche urige Restaurants, Strandcafés und Hotels – auch einen Club Méd.

Nördliche Strände **(119/F 1)**
Die *Estrada de Coco* (Straße der Kokospalmen) führt geradewegs vom Flughafen nach Norden, an zahlreichen kleineren Strandoasen vorbei bis nach *Praia do Forte,* einem Ferienzentrum mit zahlreichen guten Hotels sowie einem Naturschutzzentrum für Meeresschildkröten. 50 km

Porto Seguro/Trancoso **(119/E 3)**
Hier hatte 1500 Pedro Cabral Brasilien entdeckt. Einige historische Gemäuer wie das alte Gefängnis (heute Rathaus) und ein Kirchlein aus dem 16. Jh. zieren die Oberstadt, deren ✱ Sträßchen immer wieder prächtige Aussichten auf die Strände bieten. Porto Seguro ist in der Karnevals- und Ferienzeit ziemlich überlaufen. Von hier aus nahm die Lambada ihren Siegeszug – eine kommerzielle Mischung verschiedener Stilrichtungen lateinamerikanischer Musik.

Über 100 Hotels und Pousadas aller Preisklassen *(z. B. Porto Seguro Praia, 150 Zi., Estrada S. Cruz Cabrália, km 65, Tel. 073/2 88 23 21, Fax 2 88 20 69, Kategorie 1; Portobello Praia, Estrada S. Cruz Cabrália, km 68, Tel. 073/8 79 29 11, Fax 8 79 23 20, Kategorie 2)* reihen sich 23 km weit bis nach *Santa Cruz Cabrália* an den makellosen Stränden auf.

Eine weitere Steigerung tropischer Strandidyllen erwartet den Besucher weiter südlich, jenseits des Rio Buranhém. *Trancoso,* über eine leidlich gute Erdstraße zu erreichen, besitzt enorm viel Atmosphäre. Alte Bäume spenden Schatten, und vom kolonialen Städtchen im Oberdorf genießt man einen herrlichen ✱ Ausblick aufs Meer. 700 km

Zu Wasser, zu Lande und in der Luft

Die hier beschriebenen Routen sind in der Übersichtskarte im vorderen Umschlag und im Atlas ab Seite 108 grün markiert

① LUFTIGE BRÜCKE: RIO – SAO PAULO UND ZURÜCK

Dem profanen Umstand, daß der Flugzeug-Pendelverkehr zwischen Rio und São Paulo seit 1959 unfallfrei funktioniert, stehen das prickelnde Gefühl und die Überwältigung gegenüber, die einen beim Abflug in Rio und beim Flug die Küste entlang unweigerlich packen.

In der Wandelhalle von Santos Dumont, dem Inlandsflughafen von Rio de Janeiro, herrscht vor Sonnenaufgang bereits geschäftiges Treiben. Die erste Boeing 737 der *Ponte Aerea,* der Luftbrücke nach São Paulo, startet um 6.00 Uhr, und von da an heben die Maschinen im Abstand von dreißig Minuten ab. Wer zuerst kommt, mahlt zuerst. Platzreservierungen und Bordkarten sind überflüssig, man bekommt eine Zählkarte in die Hand gedrückt und reiht sich ein. Vom Wartesaal bis zur Maschine sind es keine 100 Meter.

Der Kapitän läßt die Boeing bei Westwind bis ans äußerste nördliche Ende der Startbahn rollen. Per Kavalierstart fegt die Maschine davon. Die Rollbahn in Santos Dumont ist nur 1300 Meter lang, und kurz nach dem Abheben gilt es, den Vogel in eine steile Linkskurve zu legen. Trotzdem kommt das Flugzeug dem glatzköpfigen Zuckerhut so nahe, daß man beinahe den Gipfeltouristen zuwinken kann. Am besten also hat man sich einen Platz in der rechten Fensterreihe ausgesucht. Und dann erblickt man die weltberühmten Strände von Copacabana und Ipanema und schaut hinab auf das Badegetümmel der menschlichen Ameisen. Im Hintergrund die grünen Gipfel des Küstengebirges, tief unten die aquamarinblaue See. Die Boeing spult alle Buchten, Inseln und Lagunen ab, bis sie genügend Höhe gewonnen hat und, nun stramm auf Westkurs, bei der Ilha Grande die Küstenkordillere überwindet. Dann schiebt sich auch schon die gelbgraue Riesenpizza namens São Paulo ins Bild.

Die Luftbrücke zwischen Rio und São Paulo wurde am 6. Juli 1959 eröffnet. 40 Millionen Passagiere haben die Maschinen der *Ponte Aerea* seither bei etwa 800 000 Starts und Landungen unfallfrei befördert. Das ist ein Weltrekord an Zuverlässigkeit und Sicherheit. Der Einfachflug kostet derzeit rund 250 Mark, doch es gibt am Wochenende und mittags auch Sonderangebote der Luftlinien Varig, Vasp/Transbrasil und Tam, die bis zu 100 Mark hinunterreichen.

② SCHWANKENDER SCHIENENSTRANG

Ein fast schon antiquiert wirkendes Vergnügen bereitet die Fahrt mit dem Schlafwagenzug, der zwischen São Paulo und Rio verkehrt. *Abfahrt in São Paulo: alter Bahnhof Barra Funda, Rua Capitao-Mor-Goncalo Monteiro 6. Abfahrt in Rio: Bahnhof Leopoldina, Av. Francisco Bicalho. Reservierung: Tel. 011/8 25 70 22.*

Hätte der blitzsaubere, aluminiumglänzende Zug nicht das Prädikat »Silberpfeil« verdient? Seine Namensgeber jedoch begnügten sich mit dem biederen *trem de prata* (Silberzug): Ein Blick auf die behäbige schmutziggelbe Diesellok, die jedem Anspruch auf Stromlinienform trotzig die kantige Stirn bietet, läßt Erwartungen an höhere Geschwindigkeiten schnell verebben. Einmal in Fahrt, zeigt sich, daß das müde Antriebsaggregat nicht allein die Schuld trifft. Der Zustand des Gleiskörpers ist so abenteuerlich, daß die Fahrgäste im Barwagen sich buchstäblich an ihre Caipirinha-Gläser klammern müssen, damit der kostbare Inhalt sich durch das Schütteln und Schaukeln des Zugs nicht auf den Boden ergießt.

So verwundert es auch nicht weiter, daß der »Silberzug« für nicht einmal 450 Kilometer Strecke, die zwischen São Paulo und Rio de Janeiro liegen, volle neun Stunden benötigt. Und auch das nur, wenn nichts dazwischenkommt. Bei einem Unwetter oder bei tropischem Regenfall ist mit mehrstündigen Verspätungen zu rechnen.

Der »Silberzug« ist ein reiner Schlafwagenzug, und er verkehrt nur nachts, so daß der Reisende von der Landschaft draußen wenig sieht. Wer sich allerdings gleich bei Fahrtantritt in den Speisewagen begibt und die Kellner bittet, die Jalousien vor den angeblich schußsicheren Fensterscheiben nicht herunterzulassen, der kommt in den Genuß eines besonderen Erlebnisses: Volle zwei Stunden lang rumpelt der Zug durch die nicht enden wollenden Vorstädte von São Paulo, diese baumlosen Steinsteppen einer Megalopolis von bald schon 20 Millionen Einwohnern.

Während der Reise wird dem Fahrgast zweimal das Vergnügen zuteil, den Service im Speisewagen in Anspruch zu nehmen: zum Abendessen mit drei Gängen und zum reichhaltigen Frühstück. Beides ist im Fahrpreis inbegriffen, nur Getränke sind extra zu zahlen.

Die Schlafkammern des »Silberzugs« sind bequem und jeweils mit einer Naßzelle – einschließlich funktionierender und sogar heißer Dusche – ausgestattet. Einzel- und Doppelkabinen, letztere mit übereinanderliegenden Schlafkojen, und als das Nonplusultra pro Waggon zwei »Suiten« mit einem kommoden französischen Doppelbett, mit Schreibtisch, Kleiderschrank und wohlgefüllter Minibar, deren Inhalt bereits im Preis enthalten ist.

Der »Silberzug« fährt täglich einmal um acht Uhr abends in beide Richtungen und dürfte für den Touristen insofern attraktiv sein, als er eine Hotelübernachtung spart, was auch das relativ hohe Beförderungsentgelt in angenehmerem Licht erscheinen läßt. Für rund 200 Mark – so viel kostet ein Liegeplatz in der Einzel- oder Doppelkabine – bekommt man sonst nicht immer eine vergleichbar gute Unterkunft mit Halbpension.

③ AMAZONASSCHAUKEL

Man muß keine Abenteuer-Tour absolvieren – schon allein die Begegnung mit der »grünen Hölle« des Regenwalds und des Amazonas zwischen Manaus und Belém beeindruckt bis in die letzte Pore.

Auf dem schwimmenden Pier von Manaus wimmelt es wie in einem vollen Fangnetz. Muskulöse Träger schleppen schwitzend die Fracht heran. Bananenstauden und Bierkisten werden gebunkert, Hühner gehen gackernd auf die Reise neben Zuckersäcken, Kleiderbündeln, Lattenkisten, Pappschachteln, Körben und Fässern. Nicht weniger Zeug zerren die Passagiere über die glitschigen Planken, hilflos gestikulierend, um die fliegenden Händler abzuwehren, die wie Mückenschwärme einfallen, um in letzter Minute noch ein Geschäft zu machen. Die »São Bartolomeu« schaukelt am Kai: *Saída hoje, 16.00hs* – Abfahrt also heute, 16.00 Uhr. Angesteuert werden Parintins, Juruti, Obidos und Santarém.

Die »São Bartolomeu« ist nur eine von den Dutzenden bananenkrummen Schiffen, die täglich Passagiere und Fracht auf dem Amazonas zwischen den beiden Metropolen Manaus und Belém hin- und herschippern.

Das lärmende Volk hat die beiden Decks der »São Bartolomeu« längst erobert. Vorsichtig über die Planke balancieren, ein Sprung hinab ins offene Unterdeck. Zwischen Kind und Kegel, Sack und Pack, durch den Wald der Hängematten fädeln, die Stiege finden, sich den Kopf nicht einrennen, hochklettern ins Oberdeck. 115 Passagiere und acht Mann Besatzung soll die »São Bartolomeu« tragen können. Sind wir nicht schon dreimal mehr? Das Deck gleicht einem unaufgeräumten Schnürboden im Theater. Man spielt ein Luststück, das ist klar.

Die »São Bartolomeu« ist ein stolzes Schiff mit alterskrummen Planken. 30 Meter mag sie in der Länge messen und fünf wohl in der Breite. Tief in ihrem Bauch rumpelt ein schwedischer Dieselmotor, um ihn herum sind Treibstoffässer und Zuckersäcke verstaut. Im Unterdeck das Volk, das Stückgut, die Mannschaftskammer und die Kombüse. Vornehmer ist das Oberdeck mit Brücke und Bar, vier winzigen Passagierkabinen, den Toiletten und sogar einer Aussichtsterrasse am Heck: eine *gaiola,* ein schwimmender Vogelbauer, wie die Leute die Doppeldecker mit den offenen Relings bezeichnen. Die frische Luft findet von allen Seiten Zutritt, breite Borde an der Außenwand des Schiffs spenden Schatten wie die Krempen richtiger Panamas.

Manaus, ade! Das Schiff hat die Eisverkäufer und Taschendiebe abgeschüttelt wie ein Köter seine Flöhe, die Leinen losgemacht und Fahrt aufgenommen. Rufe, Schreie, Autohupen, dann erstirbt der Lärm von drüben aus der Stadt. Der monotone Baß der Schiffsmotoren setzt nun ein. Je tiefer die Stadt im Strom versinkt, desto ruhiger schlägt der Takt. Während sich eben noch die Bilder im Stakkato jagten, scheint der Film jetzt langsam in Zeitlupe zu wechseln. Und endlich streichelt uns die kühle Abendbrise.

Im Zwielicht zwischen Tag und Nacht durchpflügen wir die Stelle, wo sich Rio Negro und Solimões zum Amazonas vermählen. Kaffeeschwarzes Wasser trifft auf khakibraune Fluten. Fernen Gestirnen gleich wandern die Laternen anderer Schiffe vorüber, blitzen wie Kometen auf und versinken hinter der Erdkrümmung. Die Bar hat geöffnet.

Kühl kriecht der Morgen durch das Tuch. Die fernen Ufer ziehen blasse Bleistiftlinien. Taubengrau rauscht der Strom gegen den Bug, der nach Osten weist, dorthin, wo ein tiefes Rot den Tag ankündigt. Der Duft von frisch gebrühtem Kaffee steigt aus der Kombüse. In den Hängematten kündigt sich eine Metamorphose an. Es ruckt und zuckt, die ersten Glieder bohren sich hervor, tasten in die Luft, greifen über den Rand, frische Menschen schlüpfen aus dem Tuch und stoßen dann den Kokon wie eine schlaffe Haut von sich oder schälen sich zur Gänze wie eine Banane aus ihrer luftigen Schlafschale.

Auf halber Strecke liegt Parintins, mit seinen 40 000 Seelen ein verschlafenes Nest. Doch einmal im Jahr, in den letzten Junitagen, wenn das Wasser hoch steht und die Hitze auf erträgliche 30 Grad abebbt, erwacht Parintins aus seinem tranigen Trott, und die brüchige Pier vermag die Barken und Einbäume kaum zu fassen. Der Ort schmückt sich zur *Farra boi-bumbá*, die Hektoliter Bier ins Städtchen schwemmt und dazu so viele Besucher, daß jede Pritsche und Hängematte mehrfach belegt werden muß.

Es geht bei diesem Fest um zwei rivalisierende Gruppen, die mit Stiermasken hintereinander hertanzen. *Bumba meu boi* (Hau den Stier!) ist ein vielfältig variiertes Mysterienspiel und geht auf das 18. Jh. zurück.

Gewiß, in Parintins, Obidos und Santarém – und noch in einem Dutzend weiteren verlorenen Weilern – wird geankert und gebunkert: Doch der Weg ist das Ziel, eine Woche oder nur zwei, drei Tage auf dem Strom der Ströme – das ist so ähnlich wie mit der Transsibirischen Eisenbahn zu reisen, bloß ein wenig heißer und viel, viel billiger. Die Strecke Manaus–Belém ist in der ersten Klasse (offenes Oberdeck) mit rund 250 Mark zu veranschlagen. Man bucht an Ort und Stelle, besser schon ein paar Tage voraus am Pier.

Kaufen Sie sich vor Reiseantritt eine Hängematte (rund 20 Mark) und einen Vorrat an Trockenfutter (Getränke gibt es an Bord, das Essen ist genießbar), eine Rolle Klopapier, Kohletabletten und Insektenspray – und vergessen Sie nicht ein dickes Buch oder den Walkman.

B/M MIRANDA DIAS
DIAS
E2A
AXI

Von Auskunft bis Zoll

Hier finden Sie kurzgefaßt die wichtigsten Adressen und Informationen für Ihre Brasilien-Reise

AUSKUNFT

Obwohl Rio vom Tourismus lebt, kümmern sich die Bürokraten der verschiedenen Tourismusbehörden herzlich wenig um die Reisenden. Vorsicht vor amtlich erscheinenden »Agenturen«, die – wie etwa auf Rios Flughafen Galeão – völlig wertlose »Touristenpässe« verkaufen. Wer wirklich gute Auskünfte erhalten will, wende sich lieber an seriöse Reisebüros. Eine staatliche brasilianische Touristeninformation gibt es in Deutschland, Österreich und der Schweiz nicht.

Arbeitsgemeinschaft Lateinamerika e. V.
Domenecker Str. 19, 74219 Möckmühl, Tel. 06298/929277, Fax 929278, E-Mail: arge.lateinamerika@t-online.de

ARZT/APOTHEKEN

Erste Hilfe mit fremdsprachigem Personal in Rio:

In Manaus fahren die Schiffe den Rio Negro aufwärts nach Amazonien

Klinik Souza Aguiar, P. da República 111, Tel. 2964114
Viele Ärzte können Englisch, Französisch oder Deutsch. Die Bezahlung erfolgt immer »cash« – da nützt die Sozialversicherung von daheim gar nichts.

Brasilianische Apotheken sind gut bestückt, fast alle gängigen internationalen Produkte sind zu haben. Das Personal hat allerdings in der Regel keine pharmazeutische Ausbildung.

AUTO

Internationale Rent-a-car-Agenturen sind an den größeren Flughäfen vorhanden. In Rio oder São Paulo ein Auto zu mieten (internationaler Führerschein nötig) wäre wegen des Verkehrschaos russisches Roulette. Empfehlenswert ist dagegen ein Mietauto für die Küstenstraße Rio – Santos (São Paulo), die einzige Strecke, wo Sie das Mietauto am Zielort abgeben können, ohne die hohe Rückführungsgebühr zu zahlen.

Ein Mietwagen kostet pro Tag mindestens 50 US-Dollar, hinzu kommen Km-Gebühren (etwa

15 Pfennig) und Versicherung. Jeeps und Wohnmobile sind nur privat zu mieten. Einen Pannenhilfsdienst gibt es nicht, aber man findet in jedem Dorf geschickte Automechaniker und Reifenspezialisten. Im Hinterland kann man auf die Hilfsbereitschaft der Leute bauen.

BUSSE/BAHNEN/NAHVERKEHR

Brasilien ist mit einem hervorragenden Busnetz überzogen. Auf den großen Überlandstrekken (z. B. Brasília – Rio) fahren zusätzlich noch »Leito«-Liegebusse mit Super-Schlafkomfort. Wer viel Zeit und wenig Geld hat, der ist mit den Überlandbussen bestens bedient. Bahnlinien sind dagegen kaum vorhanden.

São Paulo, Rio und Porto Alegre haben gut funktionierende Metros. Die Einheitstickets werden noch von Menschen und nicht von Maschinen verkauft. Ein vorbildliches Busnetz funktioniert in Curitiba.

Die meist überfüllten Stadtbusse sind ziemlich billig, aber nicht immer sicher (Taschendiebe). Bei mehr als zwei Personen mit dem gleichen Fahrziel lohnt sich oft das Taxi. Bei Überlandfahrten richten sich die Preise nach Entfernung und Bustyp. Die 1100 km Rio – Brasília kosten z. B. rund 50 Mark.

DIPLOMATISCHE VERTRETUNG

Brasilianische Botschaft
Kennedyallee 74, 53175 Bonn, Tel. 02 28/95 92 30, Fax 37 36 96

Deutsche Botschaft
Brasília, Av. das Nações, Lote 25, Tel. 061/2 44 72 73, Fax 2 44 60 63

Deutsches Generalkonsulat
Rio de Janeiro, Rua Presidente Carlos de Campos 417, Tel. 021/5 53 67 77, Fax 5 53 01 84

Deutsches Generalkonsulat
São Paulo, Av. Brigadeiro Faria Lima 2092-12#, Tel. 011/8 14 66 44, Fax 8 15 75 38

Botschaft der Republik Österreich
Brasília, Av. das Nações, Lote 40, Tel. 061/2 43 31 11, Fax 4 43 52 33

Österreichisches Generalkonsulat
Rio de Janeiro, Av. Atlântica 3804, Tel. 021/5 22 22 86, Fax 5 21 61 80

Österreichisches Generalkonsulat
São Paulo, Rua Augusta 2516, Tel. 011/2 82 62 23, Fax 30 64 27 45

Botschaft der Schweiz
Brasília, Av. das Nações, Lote 41, Tel. 061/4 43 55 00, Fax 4 43 57 11

Schweizerisches Generalkonsulat
Rio de Janeiro, Rua Cândido Mendes 157, Tel. 021/2 21 18 67, Fax 2 52 39 91

Schweizerisches Generalkonsulat
São Paulo, Av. Paulista 1754, Tel. 011/2 53 49 51, 2 53 57 16

EINREISE

Brasilien verlangt von Touristen aus den meisten europäischen Staaten kein Visum. Der Reisepaß reicht aus, muß aber noch 6 Monate gültig sein. Bei der Einreise erhält man ein Papier, das bei der Ausreise wieder abgegeben werden muß. Damit kann man bis zu drei Monate bleiben und u. U. sogar bei der Polícia Federal eine Verlängerung um weitere drei Monate beantragen.

Wer aus einem lateinamerikanischen Land einreist, muß gegen Gelbfieber geimpft sein (Internationaler Impfpaß als zwingend erforderlicher Nachweis!).

FKK

In Brasilien erst an wenigen ausgewählten Stränden in den Anfängen. »Oben ohne« ist auch nicht üblich. Die Sitte verlangt, »komplett« bekleidet zu sein – auch wenn der Tanga bei den Frauen nur aus einem hauchdünnen Faden besteht.

FOTOGRAFIEREN

Farbnegativfilme sind teuer, jedoch überall erhältlich, Diafilme nicht. Es ist kein Problem, Menschen zu fotografieren, wenn man das mit einem Lächeln tut und nicht , als sei man auf der Großwildjagd. Seine Fotoausrüstung sollte man unauffällig (Einkaufstüte o. ä.) verstecken.

GELD/BANKEN

Die Währung Brasiliens hat in den vergangenen Jahren häufiger als die Mode gewechselt und dabei ein paar Nullen abgestreift und dann wieder zugelegt. Seit der Einführung des *Real* hat die Geldentwertung ihre Schrecken verloren – hoffentlich für längere Zeit, denn nur selten trifft man einen Brasilianer, der sich an Zeiten ohne Inflation erinnert.

Für Ausländer, die Dollar tauschen wollen, berechnen die wenigen großen Geschäftsbanken, die überhaupt wechseln, Provision. Im übrigen sind Banken *(Öffnungszeiten Mo–Fr 10–16 Uhr)* nur für den internen Geldverkehr gedacht. Besser ist der sogenannte Parallelkurs der Devisenhändler und privaten Wechselstuben *(casa de câmbio,* meist mit Reisebüros gekoppelt). Der Kurs wird in den Tageszeitungen veröffentlicht. In Hotels wechselt man meist ungünstiger. Man sollte möglichst keine Reals mit nach Hause nehmen, sie werden von europäischen Banken nur selten – und schlecht – gewechselt.

KLEIDUNG

So leicht, leger und bunt wie möglich. Am besten komplettiert man seine Kleidung in Brasilien selber (Supergrößen schwierig). T-Shirt und (lange) Hose sind für fast alle Gelegenheiten ausreichend, dazu Tennisschuhe. Europäische Touristen erkennt man in der Regel an ihrer grauen Kleidung und den Gesundheitssandalen.

NOTRUF

Tel. 119. Polizei in allen Orten. Setzt allerdings portugiesische Sprachkenntnisse voraus.

ÖFFNUNGSZEITEN

Behörden sind von 10 bis 12 und von 14 bis 16 Uhr geöffnet.

Die Läden öffnen um 9 Uhr und schließen zwischen 18 und 20 Uhr. Die Shopping-Center öffnen erst um 10 Uhr, schließen aber oft erst um 22 Uhr.

POLIZEI

Dein Freund und Helfer – nicht unbedingt. Wer einen größeren Schaden zu beklagen hat, sollte beim nächsten Polizeirevier *(dele-*

gacia) ein Protokoll *(ocorrência)* aufnehmen lassen. Ansonsten: Nett sein zu den Beamten, aber keine hektische Aktivität von ihnen erwarten!

POST

Briefe (Luftpost) brauchen etwa eine Woche in die kalte Heimat.

STROMSPANNUNG

Fast überall 110 Volt, 60 Hertz Wechselstrom. In Brasília und Santos 220 Volt. Bringen Sie aber einen Steckdosenadapter mit.

TAXI

Fahren Sie erst, wenn ein Pauschalpreis ausgehandelt oder der Taxameter eingeschaltet ist. Grundgebühr meist ca. 4 Mark, Preise ähnlich wie in Europa. Trinkgeld nicht üblich, der Betrag wird nur aufgerundet.

TELEFON

Das Netz ist hervorragend, internationale Gespräche sind von jedem Dorf *(posto telefônico)* aus möglich. Öffentliche Telefone sind getrennt nach *local* (Ortsgespräch) und *interurbano* (innerhalb Brasiliens) und häufiger nur mit Telefonmünzen, *fichas,* zu benutzen. Diese kauft man in den Büros der Telefonunternehmen oder am Zeitungskiosk. Kartentelefone setzen sich immer mehr durch, erlauben aber nicht immer internationale Gespräche. Im Inland sind auch R-Gespräche möglich: einfach eine 9 vor die Vorwahl setzen.

Ein Telefonat nach Europa kostet in den ersten 3 Minuten rund 10 Mark, 3 Minuten von Deutschland kosten 8,40 Mark.

Vorwahl Deutschland: 00 49; Österreich: 00 43; Schweiz: 00 41; Brasilien: 00 55 + Vorwahl ohne Null + Nummer.

TRINKGELD

Im Restaurant werden meist 10 Prozent Trinkgeld auf die Rechnung gesetzt. Den Betrag dann nach oben aufzurunden beweist Ihren weltoffenen Lebensstil – es ist ja nur eine *pipoca,* eine Kleinigkeit. Schuhputzen kostet mindestens 1,50 Dollar. Kofferträger, Portiers und die so zahlreichen dienstbaren Geister erwarten eine gute *gorjeta,* weil sie schließlich davon leben müssen.

WASSER

Mineralwasser *sem* oder *com gás* aus (Plastik-)Flaschen ist unbedenklich zu trinken. Zum Zähneputzen ist das Leitungswasser in Ordnung. Salate oder Früchte nur mit abgekochtem Wasser behandeln. Vorsicht bei unverpacktem Eis.

ZEIT

Brasilianische Standardzeit ist die von Brasília. Sie liegt je nach Jahreszeit 3 bis 5 Stunden hinter der Mitteleuropäischen. Im Westen zwei weitere Zeitzonen.

ZEITUNGEN

Internationale Presse nur in Rio und São Paulo oder in großen Hotels. Sehr gute Tageszeitungen überall im Land. Besonders: *Jornal do Brasil, O Globo, Folha de S. Paulo, Estado de S. Paulo* und die Wochenmagazine *Veja* und *ISTOÉ.* Fremdsprachige brasilianische Zeitungen in Rio und São Paulo: *Latin America Daily* und die *Deutsche* (Wochen-)*Zeitung*, die beide keine Veranstaltungshinweise bringen und schon deshalb nicht zu empfehlen sind.

ZOLL

Bei der Einreise sind Gegenstände des persönlichen Bedarfs zollfrei, ebenso Geschenke bis 100 US-Dollar. Der brasilianische Zoll reagiert empfindlich auf den Import von Computertechnologie. Ausländische Währungen können in unbegrenzter Höhe eingeführt werden. Bei der Rückreise in ein EU-Land dürfen Waren im Wert von 350 Mark abgabenfrei eingeführt werden. Begrenzungen gibt es bei Zigaretten (200 Stück), Spirituosen (1 l) und Wein (2 l).

WETTER IN RIO DE JANEIRO

Die monatlichen Durchschnittswerte im Überblick

	Jan.	Feb.	März	April	Mai	Juni	Juli	Aug.	Sept.	Okt.	Nov.	Dez.
Tagestemperaturen in °C	30	30	29	27	26	25	25	25	26	26	26	28
Nachttemperaturen in °C	23	23	23	21	20	18	18	18	18	20	20	22
Sonnenschein Std./Tag	7	7	7	6	6	6	6	7	5	5	6	6
Niederschlag Tage/Monat	13	11	9	9	6	5	5	4	5	11	10	12
Wassertemperaturen in °C	25	25	26	25	24	23	22	22	22	22	23	24

Bloß nicht!

Ein paar Regeln, um in Brasilien einen unbeschwerten Urlaub zu erleben

Lärm ist Leben
Lärm wird in Brasilien meist als Musik empfunden. Es ist sinnlos, dagegen einschreiten zu wollen. Nur Ohropax und Gelassenheit helfen über die schlimmsten Geräuschwellen. Bei der Zimmerwahl sollte man darauf achten, nach »hinten« zu wohnen – das dämpft die Verkehrsgeräusche, bringt aber interessante Hörspiele der Nachbarn zu Ohren.

Sicherheit geht vor
Sicherheit ist in Brasilien leider ein Kapitel für sich. Sie können allerdings eine Menge unternehmen, sich nicht »kriminogen« zu bewegen. Dazu die Faustregeln: keine Pretiosen mitschleppen, die Kamera in eine Plastiktüte stecken, Wertsachen im Hotelsafe deponieren. Tragen Sie keine voluminöse Brieftasche bei sich, nur Fotokopien der persönlichen Dokumente, das Geld im Schuh, im Gürtel oder in verschließbaren Kleidungstaschen (Brusttasche), aber nicht in der Gesäßtasche. Menschenaufläufen ausweichen. Sich ohne Hast, umsichtig und ruhig bewegen, Hände frei halten. Keine finstere Miene aufsetzen, sondern freundlich schauen und lächeln! Keine Gegenwehr bei einem Überfall! Im übrigen: Wer Abenteuer sucht, kann sie erleben. Selbst Staatsgäste konnten das schon am eigenen Leibe erfahren. Hinterher laut nach der Polizei zu rufen ist völlig zwecklos.

Rechthaberei ist sinnlos
Auch wenn Sie tausendmal im Recht sind, bestehen Sie nicht darauf! Versuchen Sie, höflich auf (vermeintliches) Unrecht zu reagieren und eine Lösung zu suchen, die dem »Gegner« hilft, das Gesicht zu wahren und einen Kompromiß zu finden. Brasilianer weichen harten Konflikten aus und sind in der Lage, selbst in scheinbar festgefahrener Lage noch einen Ausweg zu finden.

Keine lockeren Strandsitten
Es geht strenger zu, als die freizügig entblößten Körperteile zu signalisieren scheinen. Man zieht sich nie, auch nicht hinter vorgehaltenem Handtuch, am Strand um. In Badehose kommt man dagegen selbst in bessere Lokale in Strandnähe. Fadenscheinige Bikinis werden akzeptiert – »oben ohne« ist unmöglich.

Sonnenschutz
Die Kraft der Tropensonne ist gewaltig. Wer mittags ohne Schutz herumläuft, lebt gefährlich. Wo alle Welt sonnenbraun ist, fällt man durch nordische Blässe nur angenehm auf.

Sprechen und Verstehen ganz einfach

Zur Erleichterung der Aussprache sind alle brasilianischen Wörter mit einer einfachen Aussprache (in eckigen Klammern) versehen.
' vor einer Silbe bedeutet, daß die nachfolgende Silbe betont wird.

AUF EINEN BLICK

Ja./Nein.	Sim. [sinn] / Não. [nau]
Bitte.	Por favor. [por fa'wor]
Danke.	Obrigado/Obrigada. [obri'gado/obri'gada]
Bitte sehr./Gern geschehen.	De nada. [di 'nada]
Entschuldigung!	Desculpe!/Desculpa! [des'kulpe/des'kulpa]
Wie bitte?	Como? ['komo]
Ich verstehe Sie/dich nicht.	Não compreendo. [nau kompre'endo]
Können Sie mir bitte helfen?	Pode me ajudar, por favor? ['podschi mi aschu'dar por fa'wor]
Ich möchte ...	Eu quero ... ['eu 'kero]
Das gefällt mir (nicht).	Isto (não) me agrada. ['isto (nau) mi a'grada]
Haben Sie ...?	O senhor/a senhora tem ...? [o sen'jor/a sen'jora teng]
Wieviel kostet das?	Quanto custa isso? ['kwanto 'kusta 'ißo]
Wieviel Uhr ist es?	Que horas são? [ke 'oras sau]

KENNENLERNEN

Guten Morgen!	Bom dia! [bong 'dschia]
Guten Tag!	Bom dia!/Boa tarde! [bong 'dschia/'boa 'tardschi]
Guten Abend!/Gute Nacht!	Boa noite! ['boa 'noitschi]
Hallo!	Oi! [oi]
Mein Name ist .../Ich heiße ...	O meu nome é .../Chamo-me ... [o 'meu 'nomi ä/'schamo mi]
Wie geht's?/Alles klar?	Como vai?/Tudo bem? ['komo wai/'tudo beng]
Danke, gut.	Tudo bem. ['tudo beng]
Und wie geht's Dir, alles klar?	E você, tudo bem? [i wo'se 'tudo beng]
Auf Wiedersehen!	Até logo!/Tchau! [a'tä 'logo/tschau]

UNTERWEGS

Auskunft

links	à esquerda [a es'kerda]
rechts	à direita [a di'reita]
geradeaus	em frente [eing 'freintschi], direto [di'räto]
nah	perto ['perto]
weit	longe ['lonschi]
Bitte, wo ist …?	Onde fica …, por favor? ['ondschi 'fika por fa'wor]
Wie weit ist es von hier nach …?	Qual é a distância daqui à …? ['kwau ä a dis'tansia da'ki a]
Wo bin ich hier?	Onde estou aqui? ['ondschi es'tou a'ki]

Panne

Ich habe eine Panne.	O carro quebrou. [o 'kaho ke'brou]
Können Sie mich zur nächsten Werkstatt mitnehmen?	Por favor, pode me levar até a oficina mais próxima? [por fa'wor 'podschi mi le'war a'tä a ofi'sina mais 'prosima]
Wo ist hier die nächste Werkstatt?	Onde tem uma oficina mais próxima? ['ondschi teng 'uma ofi'sina mais 'prosima]

Tankstelle

Wo ist hier die nächste Tankstelle?	Onde fica o posto de gasolina mais próximo? ['ondschi 'fika o posto di gaso'lina mais 'prosimo]
Wollen Sie Benzin oder Alkohol?	Quer gasolina ou álcool? [ker gaso'lina ou 'alkol]
Ich möchte …	Eu quero … ['eu 'kero]
20 Liter Benzin	vinte litros de gasolina [wintschi 'litros di gaso'lina]
für 20 Real Benzin	vinte reais de gasolina ['wintschi re'ais di gaso'lina]
Volltanken bitte.	Cheio, por favor. [scheio por fa'wor]

Unfall

Achtung!/Vorsicht!	Cuidado! [kui'dado]
Rufen Sie …	Chame … ['schami]
… die Polizei.	… a polícia. [po'lisia]
… einen Arzt.	… um médico. ['mädschiko]
… die Feuerwehr.	… os bombeiros. [os bom'beiros]
Es war meine/Ihre Schuld.	A culpa foi minha/sua. [a 'kulpa 'foi 'minja/'sua]
Hier ist meine Adresse und die Versicherungsnummer.	Aqui está meu endereço e o número da apólice de seguro. [a'ki es'ta 'meu ende'reso i o 'numero da a'polisi di seguro]

ESSEN/UNTERHALTUNG

Wo gibt es hier …	Onde tem … ['ondschi teng]
ein gutes Restaurant?	um bom restaurante? [um bong restau'rantschi]
ein nicht zu teures Restaurant?	um restaurante não muito caro? [um restau'rantschi nau 'muito 'karo]
Gibt es hier eine Kneipe mit Musik?	Há aqui um bar com música viva? [a a'ki um bar kon 'musika wiwa]
Ich möchte einen Tisch für 6 Personen reservieren.	Eu quero reservar uma mesa para seis pessoas. ['eu 'kero reser'war 'uma 'mesa 'para seis pe'ßoas]
Wo sind bitte die Toiletten?	Onde fica o banheiro? ['ondschi 'fika o ban'jeiro]
Ich möchte das Tagesgericht.	Eu quero o prato do dia. ['eu 'kero o 'prato do 'dschia]
Haben Sie offenen Wein?	Tem vinho da casa? [teng 'winjo da 'kasa]
Herr Ober, bitte …	Moço, por favor! [mosso, por fa'wor]
Guten Appetit!	Bom apetite! [bong ape'titschi]
Auf Ihr Wohl!	Saúde! [sa'udschi]
Bezahlen, bitte.	A conta, por favor. [a 'konta por fa'wor]
Bitte alles zusammen.	Tudo junto, por favor. ['tudo 'schunto por fa'wor]
Es stimmt so.	Está bom assim. [es'ta bong a'sing]
Hat es geschmeckt?	Gostou? [gostouu]
Das Essen war ausgezeichnet.	A comida estava excelente. [a ko'mida es'tawa ese'leintschi]

ÜBERNACHTUNG

Können Sie mir … empfehlen?	Você pode me indicar … [wo'se 'podschi mi indi'kar]
… ein gutes Hotel	… um bom hotel? [um bong ho'tel]
… eine Pension	… uma pensão? ['uma pen'sau]
Haben Sie ein freies Zimmer?	Tem um quarto vago? [teng um 'kwarto 'wago]
Ich möchte …	Quero … ['kero]
ein Einzel-/Doppelzimmer.	um quarto de solteiro/casal. [um 'kwarto di sol'teiro/ka'sau]
mit Bad.	com banheiro. [kon ban'jeiro]
Haben Sie ein billigeres Zimmer?	Tem um quarto mais barato? [teng um 'kwarto mais ba'rato]
Dieses Zimmer gefällt mir nicht.	Este quarto não me agrada. ['esti 'kwarto nau mi a'grada]
Wir bleiben …	Vamos ficar … ['wamos fi'kar]
eine Nacht.	uma noite. ['uma 'noitsche]
eine Woche.	uma semana. [uma semana.]

Arzt

Können Sie mir einen guten Arzt empfehlen?	Pode me recomendar um bom médico. ['podschi-mi rekomen'dar um bon 'mädschiko]
Ich habe hier Schmerzen.	Tenho dores aqui. ['tenjo 'dores a'ki]

Bank

Wo ist hier bitte die nächste Bank/Wechselstube?	Onde é o banco/casa de câmbio mais próximo/a? ['ondschi ä o 'banko/'kasa di 'kambio mais 'prosimo/a]
Ich möchte … Mark/Schilling/Schweizer Franken wechseln.	Quero trocar … marcos alemães/xilin/francos suíços. ['kero tro'kar … 'markos ale'mais/'schiling/'frankos 'swißos]

Post

Ich möchte … nach Deutschland/Österreich/in die Schweiz schicken.	Eu quero mandar … para a Alemanha/Áustria/Suíça. ['eu 'kero man'dar … 'para ale'manja/'austria/'swißa]
… einen Brief	… uma carta. ['uma 'karta]
… eine Postkarte	… um cartão postal. [um kar'tau pos'tau]
Wieviel kostet es?	Quanto custa? ['kwanto 'kusta]

Zahlen

0	zero ['sero]	20	vinte ['wintschi]
1	um [um]	21	vinte e um ['wintschi i um]
2	dois [dois]	22	vinte e dois ['wintschi i dois]
3	três [tres]	30	trinta ['trinta]
4	quatro ['kwatro]	40	quarenta [kua'renta]
5	cinco ['sinko]	50	cinquenta [sin'kwenta]
6	seis/meia [seis/meija]	60	sessenta [se'ßenta]
7	sete ['sätschi]	70	setenta [se'tenta]
8	oito ['oito]	80	oitenta [oi'tenta]
9	nove ['nowi]	90	noventa [no'wenta]
10	dez [deis]	100	cem [seng]
11	onze ['onsi]	101	cento e um ['sento i um]
12	doze ['dosi]	200	duzentos [du'sentos]
13	treze ['tresi]	1 000	mil ['miu]
14	catorze [ka'torsi]	2 000	dois mil [dois 'miu]
15	quinze ['kinsi]	1000 000	um milhão [um mil'jau]
16	dezesseis [dese'ßeis]		
17	dezessete [dese'ßätschi]	1/2	um meio [um 'meio]
18	dezoito [de'soito]	1/3	um terço [um 'terso]
19	dezenove [dese'nowi]	1/4	um quarto [um 'kwarto]

Cardápio

Speisekarte

ENTRADAS/LANCHONETE	VORSPEISEN/IMBISS
Azeitonas recheadas [asei'tonas resche'adas]	Oliven, gefüllt
Bolinhas de barcalhão [bolinjas de bakaljau]	Stockfisch-Klößchen
Calabresa ['kala'bresa]	Bratwurst
Caldo ['kaldo]	Fleischbrühe
Caldo verde ['kaldo 'werdsche]	Kohlsuppe
Canja de galinha [kanscha de galinja]	Hühnerbrühe mit Reis
Carpaccio [karpatschio]	Rohes, fein geschnittenes Rindfleisch
Casquínha de sirí [kas'kinja di si'ri]	Krabbenfleisch in Muschel serviert
Coquetel de camarões [koktell de kama'roes]	Krabbencocktail
Feijão com arroz [fei'schau kon a'hos]	Bohnen mit Reis
Goiabada [goia'bada]	Guavenkonfitüre
Melão com presunto [ma'lau kom pre'sunto]	Geräucherter Schinken auf Melone
Misto quente ['misto 'keintschi]	Sandwich mit Schinken und Käse
Ovos de cordona [owos de kordona]	Rebhuhn-Eier
Pastel [pas'täu]	Pastete
Provolone [prowo'loni]	Provolone (Käse)
Pão com manteiga [pao kon man'teiga]	Brot mit Butter
Presunto [pre'sunto]	Schinken
Queijo (frito) ['keischo ('frito)]	Käse (fritiert)
Salami [sa'lami]	Salami
Salgadinhos [sauga'dinjos]	Salzgebäck
Sanduíche [sandu'ischi]	Sandwich
Sopa de legumes [sopa de legumes]	Gemüsesuppe
X-burger [schieß-'burger]	Sandwich mit Tomaten und Salat

CARNE E AVES	FLEISCH UND GEFLÜGEL
Assado [a'ßado]	Braten
Bífe ['bifi]	gegrilltes Rindfleisch
Bífe à cavallo ['bifi a kawallo]	Filet mit Spiegelei
Cabrito [ka'brito]	Zicklein
Cachorro quente [ka'schoho 'keintschi]	Hot Dog

Carne de boi ['karni di 'boi]	Rindfleisch
Carne de porco ['karni di 'porko]	Schweinefleisch
Carne de vitela ['karni di wi'tela]	Kalbfleisch
Carne moída ['karni mo'ida]	Hackfleisch
Carneiro [kar'neiro]	Hammel/Lamm
Churrasco [schuhasko]	Fleisch vom Grill
Churrasquinho [schuhas'kinjo]	Portion Fleisch vom Spieß
Coelho [ko'eljo]	Kaninchen
Costela [kos'tela]	Kotelett
Coxa de frango ['koscha di 'frango]	Hähnchenschenkel
Escalope [es'kalopi]	Schnitzel
Espeto de carne [es'petto de 'karne]	Fleischspieß
Fígado ['figado]	Leber
Filé [fi'lä]	gegrilltes Filet
Frango ['frango]	Hähnchen (vom Grill)
Galinha [ga'linja]	Huhn
Ganso ['ganso]	Gans
Guisado [gi'sado]	Ragout
Kibe ['kibi]	eine Art Cevapcici
Leitão [lei'tau]	Spanferkel
Língua ['lingwa]	Zunge
Miolo [mi'olo]	Hirn
Pato ['patto]	Ente
Pastéis [pas'teis]	Pastete
Peito de frango ['peito di 'frango]	Hühnerbrust
Peru [pe'ru]	Truthahn
P. F. (Prato Feito) [pee effe]	Tagesgericht
Presunto [pre'sunto]	Schinken
Presunto cru [pre'sunto kru]	roher Schinken
Rabada ['rabada]	Ochsenschwanz
Rins [rins]	Nieren
Rostbife [rost'bifi]	Roastbeef
Salsicha [sau'sischa]	Würstchen

PEIXE E MARISCOS — FISCH UND MEERESFRÜCHTE

Atum [a'tum]	Thunfisch
Bacalhau [bakal'jau]	Kabeljau
Camarão [kama'rau]	Krabben
Camarões [kama'rois]	Garnelen
Camarões grandes [kama'rois 'grandsches]	Scampi
Caranguеijo [karan'gescho]	Krebs
Lagosta [la'gosta]	Languste
Linguado [lingu'ado]	Seezunge
Lula ['lula]	Tintenfisch
Mariscos [ma'riskos]	Meeresfrüchte
Mexilhões [meschil'jois]	Miesmuscheln

Moqueca de peixe ['mokekka de 'peischi]	Fischsuppe/Bouillabaise mit Reis und Maniokmehl
Ostras ['ostras]	Austern
Polvo ['polwo]	Krake
Salmão [sau'mau]	Lachs
Sardinha [sar'dinja]	Sardine
Siri [si'ri]	Taschenkrebs
Truta ['truta]	Forelle

LEGUMES/ACOMPANHAMENTOS	GEMÜSE/BEILAGEN
Abóbra [a'bobra]	Kürbis
Agrião [agri'au]	Kresse
Aipim [ai'ping]	Maniokwurzel
Aipo [ai'po]	Sellerie
Alcachofra [alka'schofra]	Artischocke
Alface [al'fasi]	Kopfsalat
Arroz [a'hos]	Reis
Batata inglesa [ba'tata inglesa]	Kartoffel
Batatas fritas [ba'tatas 'fritas]	Pommes frites
Beringela [berin'schela]	Aubergine
Beterraba [bete'haba]	Rote Beete
Brócoli ['brokoli]	Brokkoli
Cenoura [se'noura]	Möhre
Chucrute [schu'krutschi]	Sauerkraut
Cogumelos ['kogu'melos]	Pilze
Couve-de-bruxelas ['kouwi di bru'schelas]	Rosenkohl
Couve-flôr ['kouwi-flor]	Blumenkohl
Couve manteiga ['kouwi man'teiga]	Wirsingkohl
Ervilha [er'wilja]	Erbse
Espargo [es'pargo]	Spargel
Espinafre [espi'nafri]	Spinat
Feijão (preto) [fei'schau ('preto)]	(schwarze) Bohnen
Jiló [schi'lo]	Gombos
Lentilhas [len'tiljas]	Linsen
Macarrão [maka'rau]	Makkaroni
Mandioca (cozida) [mandi'oka (ko'sida)]	Maniok (gekocht)
Massa ['maßa]	Nudeln
Milho verde ['miljo 'werdschi]	Maiskolben, gekocht
Palmito [pau'mito]	Palmenherz
Pepino [pe'pino]	Gurke
Pimentão [pimen'tau]	Paprikaschote
Polenta [po'lenta]	Polenta
Purê de batata [pu'rä di ba'tata]	Kartoffelpüree
Repolho [re'poljo]	Kohl
Salada (mista) [sa'lada ('mista)]	(gemischter) Salat
Tomate [to'matschi]	Tomate

Lista das bebidas

Getränkekarte

BEBIDAS NÃO ALCOÓLICAS	ALKOHOLFREIE GETRÄNKE
Água de côco ['agwa di 'koko]	Kokosmilch, Kokoswasser
Água (mineral) ['agwa (mine'rau)]	(Mineral-)Wasser
com gás [kon gas]	mit Kohlensäure
sem gás [seing gas]	ohne Kohlensäure
Café (com leite) [ka'fä (kon 'leitschi)]	Kaffee (mit Milch)
Caldo de cana ['kaldo di 'kana]	Rohrzuckersaft
Chá preto [scha preto]	Tee
Chá mate [scha matee]	Mate-Tee
Gêlo ['schelo]	(Wasser-)Eis
Guaraná [guara'na]	Guaraná-Limonade
Laranjada [laran'schada]	Orangensaft
Refrigerante [refrische'rantschi]	Erfrischungsgetränk
Suco (misto) ['suko ('misto)]	Fruchtsaft (gemischt)
Vitamina (mista) [wita'mina ('mista)]	Fruchtsaft (aus mehreren Früchten) mit Milch

LICORES, BRANDIES, AGUARDENTES E APERITIVOS	LIKÖRE, BRANNTWEINE, SCHNÄPSE UND APERITIFS
Caipirinha [kaipi'rinja]	Caipirinha (Nationalgetränk; mit Limetten, Zucker, Zuckerrohrschnaps und Eis)
Caipiríssima [kaipi'rißima]	Caipirinha mit Rum
Caipiwodka [kaipi'wodka]	Caipirinha mit Wodka
Gin com água tônica ['tschin kon 'agwa 'tonika]	Gin-Tonic
Pinga ['pinga], Cachaça [ka'schasa]	Zuckerrohrschnaps
Sidra ['sidra]	Apfelwein

VINHO E CERVEJA	WEIN UND BIER
Cerveja [ser'wescha]	Bier
Chopp ['schopi]	Faßbier
Vinho ['winjo]	Wein
branco ['branco]	weiß
rosé [ro'se]	rosé
tinto ['tinto]	rot
Vinho espumante ['winjo espu'mantschi]	Schaumwein, Sekt

Reiseatlas Brasilien

Die Seiteneinteilung für den Reiseatlas finden Sie auf dem hinteren Umschlag dieses Reiseführers

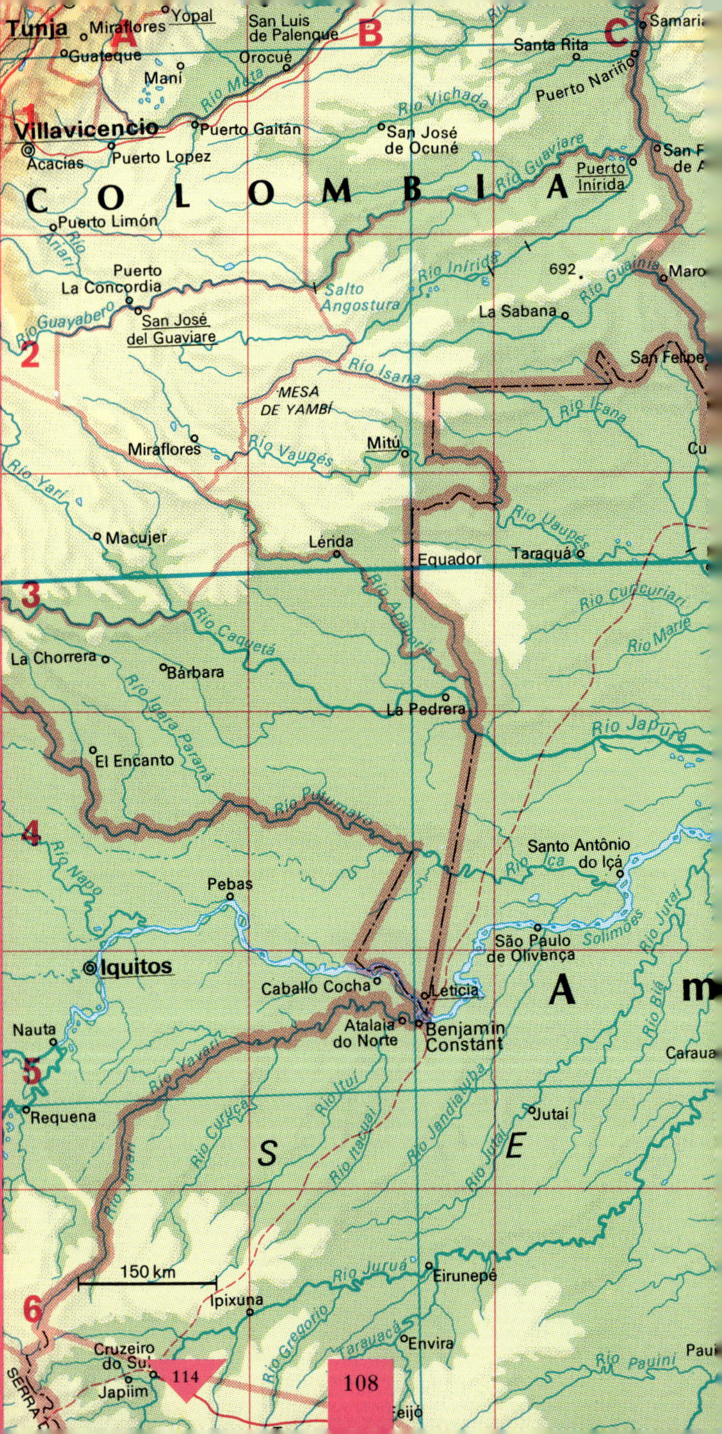

Tunja
Miraflores
Yopal
Guateque
San Luis de Palenque
Orocué
Samaria
Santa Rita
Maní
Río Meta
Río Vichada
Puerto Nariño
Villavicencio
Puerto Gaitán
San José de Ocuné
Acacías
Puerto Lopez
Río Guaviare
Puerto Inírida
COLOMBIA
Puerto Limón
Río Ariari
Puerto
La Concordia
Río Guayabero
San José del Guaviare
Salto Angostura
Río Inírida
692
Río Guainía
Maro
La Sabana
Río Isana
San Felipe
MESA DE YAMBÍ
Río Içana
Miraflores
Río Vaupés
Mitú
Río Yarí
Río Uaupés
Macujer
Lérida
Equador
Taraquá
Río Apaporis
Río Curicuriari
Río Caquetá
Río Marié
La Chorrera
Bárbara
Río Igara Paraná
La Pedrera
Río Japurá
El Encanto
Río Putumayo
Río Napo
Santo Antônio do Içá
Río Içá
Pebas
São Paulo de Olivença
Solimões
Río Jutaí
Iquitos
Caballo Cocha
Leticia
Nauta
Atalaia do Norte
Benjamin Constant
Río Biá
Carauá
Río Yavarí
Requena
Río Ituí
Jutaí
Río Curuçá
Río Itaquaí
Río Jandiatuba
Río Jutaí
Río Yavarí
150 km
Río Juruá
Eirunepé
Ipixuna
Río Gregório
Tarauacá
Envira
Río Pauini
Pauí
Cruzeiro do Sul
Japiim
Feijó
A
B
C
1
2
3
4
5
6
S
E

114
108

VENEZUELA
MACIZO DE LAS GUAYANAS
Monte Roraima
Santa Elena de Uairén
SERRA PACARAIMA
Yumari
Guatisimiña
1600 • Cerro Jaua
2579 Cerro Marahuaca
SERRA PARIMA
Rio Uraricoera
Uraricoera
La Esmeralda
Boa Vista
Rio Mucajaí
Rio Orinoco
Roraima
Caracaraí
Carlos de Río Negro
SIERRA DE CURUPIRA
1189
Pico Rondón
2340 Pico Tumacuari
Pico da Neblina 3014
Rio Catrimani
Rio Branco
Rio Anauá
Rio Padauiri
Rio Aracá
Rio Demini
Rio Jauaperi
Tapurucuara
Ilha Grande
Rio Tea
Rio Negro
Boiaçu
Rio Alalaú
Rio Cuiuni
Barcelos
Rio Unini
Maraã
Japurá
Airão
Rio Jaú
Fonte Boa
Lago Amanã
Rio Piorini
Lago Piorini
Lago Badajós
Manacapuru
Juruá
Lago do Tefé
Tefé
Codajás
Anori
Lago de Coari
Coari
Lago Mamiá
Amazonas
Rio Juruá
Rio Tefé
Rio Coari
Rio Preto do Igapo Açu
Novo Aripuanã
Rio Purus
Rio Madeira
Manicoré
Tapauá
Rio Itaparaná
Rio Ipixuna
Rio Manicoré
Rio Aripuanã
Rio Acari
Rio Tapauá
Canutama
Lábrea
Humaitá
Rio Ji-Paraná
1
2
3
4
5
6
D
E
F
109
115

A
B
C
1
2
3
4
5
6
SURINAME
LAS GUAYANAS
GUYANA
Fra
Mahdia
Kaieteur Falls
Ireng River
Apoteri
Lethem
Dadanawa
Isherton
Biloku
Essequibo River
New River
SERRA ACARAI
1230
Juliana Top
Brokopondo
W. J. van Blommestein Meer
Apatou
Grand-Santi
Maripasoula
Tapanahony River
ORANJE GEBERGTE
Litani River
SERRA
Rio Paru de Oeste
Rio Paru de Este
Equador
Rio Trombetas
Rio Mapuera
Rio Nhamundá
Rio Uatumã
Rio Jatapu
Lago do Erepecu
Rio Curuá
Rio Maicuru
Oriximiná
Óbidos
Alenquer
Monte Alegre
Nhamundá
Juruti
Urucará
Itapiranga
Itaquatiara
Silves
Urucurituba
Parintins
Barreirinha
MANAUS
Careiro
Autazes
ILHA TUPINAMBARANAS
Maués
Nova Olinda do Norte
Santarém
Aveiro
Rio Tapajós
Rio Uruará
Itaituba
Rio Iriri
Borba
Rio Canumã
Rio Abacaxis
Rio Maués
Rio Acari
Rio Crepori
Rio Jamanxim
Rio Curuá
Rio Sucunduri
Rio São Manuel
Rio Iriri
SERRA DO
116
110

D
E
F
1415
1
2
3
4
5
6
150 km
Cayenne Caienna
Rémire
Roura
Cabo Orange
Ouanary
Régina
Saint Georges
Oiapoque
35
Camopi
SERRA LOMBARDA
Calçoene
MAQUE
ILHA DE MARACÁ
Amapá
Cabo Norte
a p á
Serra Navio
Teresinha
Rio Araguari
5
110
ILHA JANAUCU
Macapá
Pôrto Santana
Mazagão
ILHA CAVIANA
Canal Perigoso
ILHA MEXIANA
Canal do Sul
Cabo Maguarinho
Afuá
Chaves
3
ILHA DE MARAJÓ
Soure
Baía de Marajó
Santa Cruz
Lago Arari
Curuçá
Marapanim
Salinópolis
Maracanã
Cachoeira do Arari
Vigia
Igarapé-Açu
Bragança
ILHA GRANDE DO GURUPÁ
Castanhal
Capanema
Gurupá
Breves
São Sebastião da Boa Vista
Muaná
BELÉM
Porto de Moz
Melgaço
Curralinho
Abaetetuba
Ourém
Portel
Irituia
Cametá
Igarapé Miri
Acará
Rio Xingu
Rio Anapu
Rio Pacajá
Tomé-Açu
Baião
Rio Moju
á
r
a
Rio Gurupi
Paragominas
Rio Capim
SERRA DO TIRACAMBU
Tucuruí
Santa
Represa de Tucuruí
Rio Bacajá
Jacundá
SERRA DOS CARAJÁS
SERRA DO GURUPI
Itupiranga
Rio Tocantins
Marabá
São João do Araguaia
M a r
Imperatriz
Rio Itacaiúna
Araguatins
Grajaú
Rio Xingu
Tocantinópolis
SERRA DAS CORDILHEIRAS
São Félix do Xingu
Porto Franco
Rio Fresco
Araguaína
Carolina
Balsas
Filadélfia
SERRA DOS GRADAÚS
111
117

A
B
C
111
1
2
3
4
5
6
OCEAN
4925
Bragança
Viseu
Carutapera
Baía de Turiaçu
Cândido Mendes
Cururupu
Guimarães
Santa Helena
Alcântara
Baía de São Marcos
Ribamar
Primeira Cruz
Humberto de Campos
SÃO LUÍS
São Bento
Cajapió
Axixá
Barreirinhas
Tutóia
Araioses
Parnaíba
Luís Correia
Matinha
Rosário
Urbano Santos
Buriti dos Lopes
Camocim
Penalva
Viana
Itapecuru-Mirim
Luzilândia
Itapip
Monção
Arari
Vargem Grande
Massapê
Pindaré
Pindaré Mirim
Santa Inês
Chapadinha
Esperantina
Tianguá
Sobra
Piracuruca
São Benedito
Bacabal
Barras
Piripiri
Ipu
Pedreiras
Codó
Rio Itapicuru
Rio Parnaíba
União
Pedro II
Açude
Nova Rus
Dom Pedro
Caxias
Altos
Campo Maior
TERESINA
Crateús
Quixerar
Timon
Alto Longá
Castelo do Piauí
Independência
Maranhão
Barra do Corda
Parnarama
Grajaú
Buriti Bravo
Palmeirais
Rio Poti
Amarante
Elesbão Veloso
Tauá
São João dos Patos
Pimenteiras
Pastos Bons
Barão de Grajaú
Valença do Piauí
Represa Boa Esperança
Floriano
Oeiras
Picos
Campos Sales
Loreto
Uruçuí
Balsas
Rio das Balsas
Bertolínia
Fronteiras
Jaicós
Rio Canindé
Ribeiro Gonçalves
Piauí
SERRA GRANDE
Canto do Buriti
Ouricuri
Rio Piauí
Paulistana
São João do Piauí
SERRA DO PENITENTE
Rio Parnaíba
Rio Gurguéia
Cristino Castro
São Ramundo Nonato
Curaçá
Alto Parnaíba
Bom Jesus
Petrolina
Juazeiro
Represa de Sobradinho
Gilbués
CAATINGA
SERTÃO
Parnaguá
Jaguá
CHAPADA DAS MANGABEIRAS
Corrente
Senhor do Bonfim
Campo Formoso
Ibipetuba
Xique-Xique
Rio Prêto
Barra
Jacobina
ESPIGÃO MESTRE
Irecê
Rio Grande
Bahia
Barreiras
Mairi
Morro do Chapéu
Ibotirama
Mundo Novo
SERRA GERAL DE GOIÁS
Oliveira dos Brejinhos
CHAPADA DIAMANTINA
Itaberaba
118
112
Macaúbas
Castro Alves
Santo Antônio de Jesus
Correntina
Picos das Almas
Maracás

D
E
F
Equador
4485
1
A T L Â N T I C O
4065
2
60
ATOL DAS ROCAS
ILHA FERNANDO DE NORONHA
(Pernambuco)
Paracuru
FORTALEZA
Pacajus
Cascavel
1150
Redenção
Baturité
Aracati
Jaguaruana
Quixadá
Areia Branca
Macau
Touros
3990
Moçoró
João Câmara
Cabo de São Roque
3
Açu
Apodi
Rio Grande do Norte
Ceará-Mirim
Pau dos Ferros
Caraúbas
Lajes
NATAL
Orós
Patu
Catolé do Rocha
Tangará
Parnamirim
Goianinha
Icó
Sousa
Caicó
Currais Novos
Nova Cruz
Guarabira
Parelhas
Rio Tinto
Juazeiro do Norte
Pombal
Juazeirinho
Sapé
Cabo Branco
Paraíba
Piancó
Patos
Ingá
JOÃO PESSOA
Santa Rita
Itaporanga
Campina Grande
Timbaúba
PLANALTO DA BORBOREMA
Limoeiro
São Lourenço da Mata
4
Monteiro
Olinda
Jaboatão
RECIFE
Serra Talhada
Pesqueira
Bezerros
Vitória de Santo Antão
Arcoverde
Caruaru
Pernambuco
Palmares
Bom Conselho
Garanhuns
Barreiros
União dos Palmares
Palmeira dos Índios
Murici
Rio Largo
Cachoeira Paulo Afonso
Rio São Francisco
Pilar
MACEIÓ
4700
Jeremoabo
Alagoas
Arapiraca
5
Rio Vaza-Barris
Propriá
Penedo
Euclides da Cunha
Itabaiana
Sergipe
Lagarto
ARACAJU
Itabaianinha
Cipó
Estância
Esplanada
Conde
Alagoinhas
150 km
6
Catu
Nossa Senhora das Candeias
Nazaré
SALVADOR
113
119
Valença

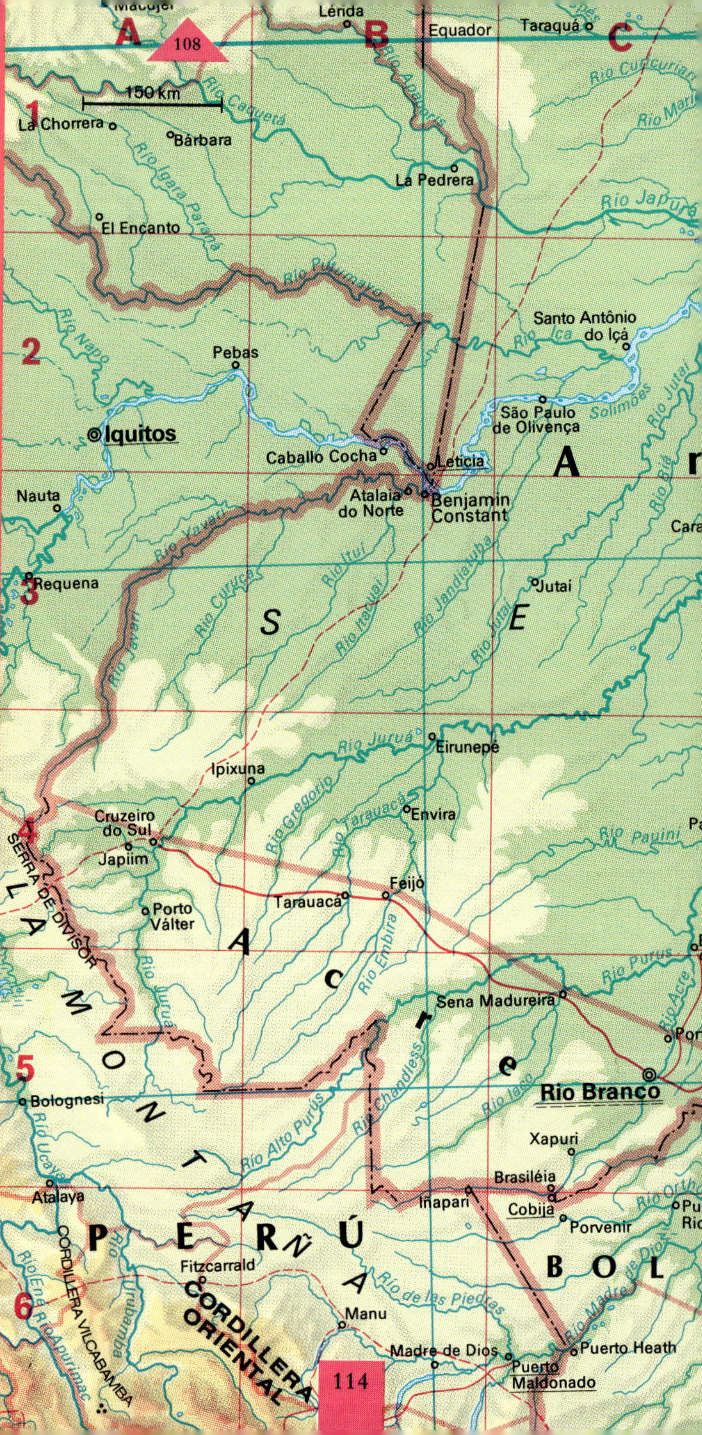

108
A
B
C
1
2
3
4
5
6
150 km
Lérida
Equador
Taraquá
Rio Apaporis
Rio Cuiuriari
Rio Maria
La Chorrera
Bárbara
Rio Caquetá
Rio Igara Paraná
La Pedrera
Rio Japurá
El Encanto
Rio Putumayo
Santo Antônio do Içá
Rio Içá
Rio Napo
Pebas
Iquitos
São Paulo de Olivença
Solimões
Rio Jutaí
Caballo Cocha
Leticia
Benjamin Constant
Atalaia do Norte
Nauta
Rio Yavari
Rio Ituí
Rio Itaquaí
Rio Jandiatuba
Rio Biá
Requena
Rio Curuçá
Jutaí
S
E
A
Cara
Rio Javari
Rio Juruá
Eirunepé
Ipixuna
Rio Gregorio
Rio Tarauacá
Envira
Cruzeiro do Sul
Japiim
Rio Pauini
Pa
SERRA DE DIVISOR
Tarauacá
Feijó
Porto Válter
L A M O N T A Ñ A
A c r e
Rio Embira
Rio Purus
Sena Madureira
Rio Acre
Port
Rio Juruá
Rio Chandless
Rio Branco
Rio Iaco
Bolognesi
Rio Alto Purús
Rio Ucayali
Xapuri
Brasiléia
Iñapari
Cobija
Porvenir
Rio Orthon
Atalaya
P E R Ú
B O L
CORDILLERA VILCABAMBA
Rio Urubamba
Fitzcarrald
CORDILLERA ORIENTAL
Río de las Piedras
Río Madre de Dios
Río Ene
Rio Apurímac
Manu
Madre de Dios
Puerto Maldonado
Puerto Heath
114

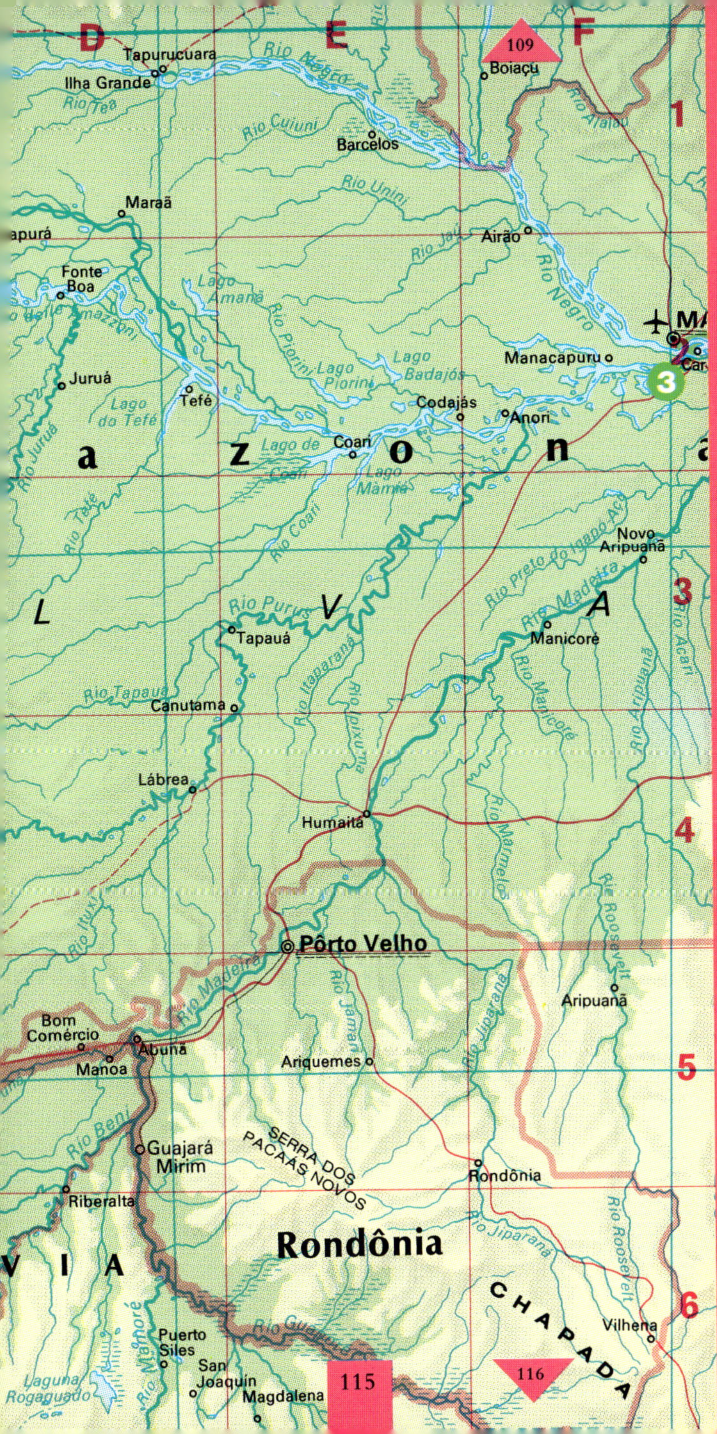

D
E
F
109
1
2
3
4
5
6
Tapurucuara
Ilha Grande
Rio Negro
Rio Tea
Boiaçu
Rio Cuiuni
Barcelos
Rio Unini
Maraã
Airão
Rio Jaú
Fonte Boa
Lago Amanã
Rio Negro
Juruá
Lago do Tefé
Tefé
Lago Piorini
Lago Badajós
Manacapuru
Codajás
Anori
Coari
Lago de Coari
Lago Mamiá
Rio Juruá
Rio Tefé
Rio Coari
Rio Purus
Novo Aripuanã
Rio Preto do Igapo Açu
Rio Madeira
Manicoré
Tapauá
Rio Tapauá
Canutama
Rio Itaparaná
Rio Ipixuna
Rio Manicoré
Rio Aripuanã
Rio Acari
Lábrea
Humaitá
Rio Marmelos
Rio Roosevelt
Rio Ituxi
Pôrto Velho
Rio Madeira
Rio Jamari
Rio Jiparaná
Aripuanã
Bom Comércio
Abunã
Manoa
Ariquemes
Rio Beni
Guajará Mirim
SERRA DOS PACAAS NOVOS
Rondônia
Riberalta
Rio Jiparana
Rio Roosevelt
V I A
Rondônia
C H A P A D A
Rio Mamoré
Rio Guaporé
Puerto Siles
San Joaquin
Vilhena
Laguna Rogaguado
Magdalena
115
116

A
B
C
110
1
2
3
4
5
6
SERRA DO CACHIMBO
Aripuanã
Rio Roosevelt
Rio Aripuanã
Rio Juruena
Rio Manuel
SERRA DOS APIACÁS
SERRA DO NORTE
SERRA DOS CAIABIS
SERRA FORMOSA
SERRA DO TOMBADOR
Rio Arinos
Rio Sangue
Rio Verde
Rio São Manuel
CHAPADA DOS PARECIS
Vilhena
Mato Gro
PLANALTO DO MATO GROSSO
Puerto Alegre
Rio Paraguá
Nortelândia
Arenápolis
Diamantino
Alto Paraguai
Mato Grosso
Barra do Bugres
Rosário Oeste
Chapada dos Guimarães
Cuiabá
Varzea Grande
Santo Antônio do Leverger
Cáceres
Poconé
Barão de Melgaço
San Ignacio
PANTANAL
BOLIVIA
El Cerro
Laguna Concepción
Santo Corazón
Pantanal de São Lourenço
San José
Pantanal do Taquari
Santiago
Roboré
LLANOS DE CHIQUITOS
Bañados del Izozog
Corumbá
Puerto Suárez
1067
Pantanal do Rio Negro
Mato
Mayor Pablo Lagerenza
150 km
Puerto Bahía Negra
SERRA DO BODOQUENA
Miranda
Rio Aquidauana
Aquidauana
PARAGUAY
Fuerte Olimpo
do
SERRA DE MARACAJU
Nioaque
Jardim
120
CHACO BOREAL
116
Porto
Maracaju

D
E
F
111
Araguacema
SERRA DOS
Pedro Afonso
Palmas do Tocantins
SERRA DO ESTRO
Rio Tocantins
Rio Araguaia
Tocantins
Cristalândia
ILHA DO BANANAL
Rio Libertade
Missu
Rio Suiá-Missu
São Felix
SERRA DO RONCADOR
Gurupi
Natividade
Dianó
Rio Manuel Alves
Peixe
Rio Formoso
Rio Palma
Tagua
Arraia
Rio Paranã
CHAPADA DOS VEADEIROS
S O
Rio Culiseu
Rio Culuene
Rio das Mortes
Rio Cristalino
Rio Crixás-Açu
Chavantina
Niquelândia
Uruaçu
Rio das Almas
Rio Maranhão
ou Rio das Mortes
Ceres
Goianesia
Formosa
Itapuranga
Barra do Garças
BRASÍLIA
Distrito Federal
Itaberaí
Goiás
Rio Claro
Aragarças
Torixoreu
Anápolis
SERRA DAS DIVISÕES OU DE SANTA MARTA
Inhumas
Luziânia
Iporá
Trindade
GOIÂNIA
Cristalina
Rio Araguaia
SERRA DO CAIAPÓ
Alto Araguaia
Mineiros
Pires do Rio
Rio Corumbá
Rio Verde
Santa Helena de Goiás
Rio Meia Ponte
Ipameri
Jataí
Morrinhos
Goiandira
Catalão
Goiatuba
Represa de Itumbiara
SERRA DO
Rio Claro
Quirinópolis
Itumbiara
Rio Paranaíba
Patos de Minas
Rio Corrente
Rio Verde
Araguari
São Simão
Represa de São Simão
Patrocínio
Rio Aporé
SERTÃO DE CAMAPUÃ
Grosso
Cassilândia
Ituiutaba
Uberlândia
Alexandrita
Prata
Paranaíba
Rio Sucuriú
Represa de Água Vermelha
Araxá
Rio Verde
Aparecida do Taboado
Uberaba
Sacramento
Frutal
Rio Grande
Ituverava
Represa do Peixoto
CAMPO GRANDE
Pereira Barreto
Fernandópolis
Represa de
São José do Rio Prêto
Barretos
Franca
Três Lagoas
Jupiá
Bebedouro
Andradina
Rio Pardo
Catanduva
Jaboticabal
117
121
Panorama
Rio Aguapeí
Araça
Represa
RIBEIRÃO PRETO
Presidente
Lins
Promissão
São José
Goiás
Minas Gerais
São Paulo
Mato Grosso do Sul
1
2
3
4
5
6

A
B
C
1
2
3
4
5
6
117
121
Cristalândia
ILHA DO BANANAL
Gurupi
Rio Formoso
Peixe
Natividade
Dianópolis
Rio Manuel Alves
Rio Palma
Taguatinga
Arraias
Rio Paranã
SERRA GERAL DE GOIÁS
ESPIGÃO MESTRE
Ibipetu
Rio Prêto
Barreiras
Correntina
Carinhanha
Manga
CHAPADA DOS VEADEIROS
Posse
Niquelândia
Uruaçu
Rio das Almas
Rio Maranhão
Rio Crixás Açu
Ceres
Goianésia
Formosa
Itapuranga
BRASÍLIA
Distrito Federal
Januária
São Francisco
Goiás
Itaberaí
Anápolis
Inhumas
Luziânia
Unaí
São Romão
PLANALTO DO BRA
Montes Claros
SERRA DAS DIVISÕES
SANTA MARTA
Trindade
GOIÂNIA
Cristalina
Paracatu
Caatinga
Pirapora
Pires do Rio
Rio Corumbá
Rio Meia Ponte
Ipameri
Santa Helena de Goiás
Morrinhos
João Pinheiro
Goiandira
Catalão
Goiatuba
Represa de Itumbiara
Vazante
Canoeiros
Corinto
Rio das Velhas
Itumbiara
Rio Paranaíba
Patos de Minas
Represa Três Marias
Araguari
São Simão
Represa de São Simão
Patrocínio
Curvelo
Ituiutaba
Uberlândia
Dores do Indaiá
Alexandrita
Prata
Ibiá
Sete Lagoas
Minas Gerais
Represa de Água Vermelha
Araxá
Bom Despacho
Uberaba
Sacramento
BELO HORIZONTE
Frutal
Rio Grande
Ituverava
Represa de Peixoto
Divinópolis
Itaúna
Fernandópolis
Barretos
Franca
Passos
São José do Rio Prêto
Bebedouro
Formiga
São João del Rei
Catanduva
Jabuticabal
São Sebastião do Paraíso
Lavras
Represa de Furnas
RIBEIRÃO PRÊTO
Barbacena
Araçatuba
Lins
Represa Promissão
Alfenas
Varginha
São José do Rio Pardo
Araraquara
Poços de Caldas
Três Corações
Tupã
Marília
São Carlos
Pouso Alegre
Pico das Agulhas Negras
2787
SERRA DA MANTIQUEIRA
Jaú
Itajubá
Redonda
Bauru
Limeira
Assis
Piracicaba
São José dos Campos
Barra Mansa
Cornélio Procópio
Ourinhos
Botucatu
CAMPINAS
Taubaté
Jacarezinho
Jundiaí
LONDRINA
SOROCABA
Guarulhos
ILHA GRANDE
Santo André
Ibaiti
São Bernardo do Campo
SÃO
SANTOS
ILHA DE SÃO SEBASTI

113

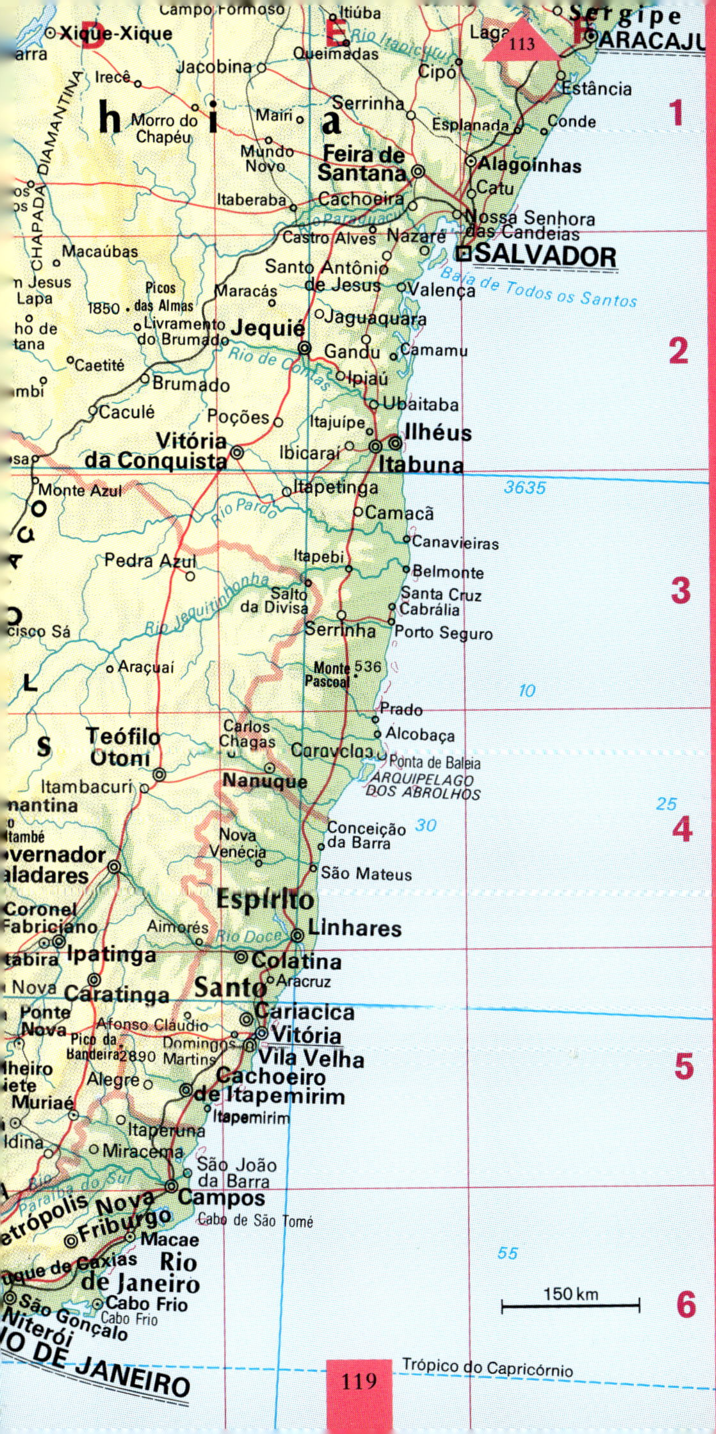
Sergipe
ARACAJU
Xique-Xique
Campo Formoso
Itiúba
Queimadas
Rio Itapicuru
Jacobina
Irecê
Cipó
Estância
Morro do Chapéu
Mairi
Serrinha
Esplanada
Conde
CHAPADA DIAMANTINA
Mundo Novo
Feira de Santana
Alagoinhas
Catu
Itaberaba
Cachoeira
Nossa Senhora das Candeias
Rio Paraguaçu
Castro Alves
Nazaré
SALVADOR
Macaúbas
Santo Antônio de Jesus
Baía de Todos os Santos
Maracás
Valença
Picos das Almas
1850
Livramento do Brumado
Jequié
Jaguaquara
Caetité
Gandu
Camamu
Rio de Contas
Brumado
Ipiaú
Ubaitaba
Caculé
Poções
Itajuípe
Ilhéus
Vitória da Conquista
Ibicaraí
Itabuna
3635
Monte Azul
Itapetinga
Rio Pardo
Camacã
Canavieiras
Pedra Azul
Itapebi
Belmonte
Rio Jequitinhonha
Salto da Divisa
Santa Cruz Cabrália
Serrinha
Porto Seguro
Araçuaí
Monte Pascoal
536
10
Prado
Alcobaça
Carlos Chagas
Teófilo Otoni
Caravelas
Ponta de Baleia
ARQUIPÉLAGO DOS ABROLHOS
Nanuque
Itambacuri
25
Conceição da Barra
30
Governador Valadares
Nova Venécia
São Mateus
Espírito Santo
Coronel Fabriciano
Aimorés
Rio Doce
Linhares
Ipatinga
Colatina
Caratinga
Aracruz
Cariacica
Afonso Cláudio
Vitória
Pico da Bandeira
2890
Domingos Martins
Vila Velha
Alegre
Cachoeiro de Itapemirim
Muriaé
Itapemirim
Itaperuna
Miracema
São João da Barra
Rio Paraíba do Sul
Campos
Cabo de São Tomé
Nova Friburgo
Macaé
55
Rio de Janeiro
Cabo Frio
São Gonçalo
Niterói
RIO DE JANEIRO
150 km
Trópico do Capricórnio
1
2
3
4
5
6
D
E
F

A
B
C
116
120
1
2
3
4
5
6
Jardim
SERRA D
Porto Murtinho
Maracaju
Rio Brilhante
Panorama
Presidente Epitácio
Bataguaçu
San Lázaro
Bela Vista
Rio Apa
Puerto La Victoria
Dourados
Ponta Porã
Presidente Prudente
Puerto Pinasco
Puerto Cooper
Pedro Juan Caballero
Rio Paranapanema
Rio Paraná
Capitán Bado
Amambaí
Represa
Paranavaí
Arapongas
Loreto
Ilha Grande
Maringá
Mandaguari
Apuc
Concepción
Horqueta
Iguatemi
Umuarama
Cruzeiro do Oeste
Salto del Guaíra
Goio-Erê
Campo Mourão
San Pedro
PARAGUAY
Ygatimi
Saltos das Sete Quedas
Guaíra
Represa
Rosario
Curuguaty
Toledo
Para
San Estanislao
Pitanga
Fernando de la Mora
Cascavel
Guaraniaçu
Ponta
Clorinda
San Lorenzo
Coronel Oviedo
Hernandarias
de Itaipu
Guarapuava
ASUNCIÓN
Caacupé
Caaguazú
Foz do Iguaçu
Laranjeiras do Sul
Paraguarí
Presidente Stroessner
Puerto Iguazú
Rio Iguaçu
Formosa
Villarrica
Francisco Beltrão
União da Vitória
Alberdi
Caazapá
Eldorado
Santo Antônio
San Juan Bautista
Yuty
San Pedro
Bernardo do Irigoyen
Pato Branco
Palmas
Xanxerê
Pilar
San Ignacio
Coronel Bogado
13
Puerto Rico
Santa Cat
Humaitá
Encarnación
Chapecó
Curitа
Río Alto Paraná
Posadas
Oberá
Rio Uruguay
Três Passos
Rio Uruguai
Erechim
ARGENTINA
Alem
Santa Rosa
Palmeira das Missões
Lagoa Vermelha
Apóstoles
Cerro Largo
Santo Ângelo
Passo Fundo
Gobernador Ingeniero Valentín Virasoro
Saladas
São Luís Gonzaga
Ijuí
Santo Tomé
Carazinho
São Borja
Cruz Alta
Soledade
Guaporé
La Cruz
MESOPOTAMIA
Mercedes
Itaqui
Santiago
Rio Grande
Tupanciretã
Bento Gonçalves
Paso de los Libres
Santa Maria
Santa Cruz do Sul
Montenegro
Alegrete
Rio Ibicuí
Rio Pardo
Canoas
Curuzú Cuatiá
Uruguaiana
Cachoeira do Sul
do Sul
Quaraí
Monte Caseros
Artigas
Rosário do Sul
São Gabriel
Butiá
Guaíba
Caçapava do Sul
Tapes
Santana do Livramento
Embalse
Federación
Baltasar Brum
Río Grande
Dom Pedrito
Camaquã
Concordia
Lavalleja
Rivera
São Lourenço do Sul
Lagoa dos Patos
Salto
Bagé
Pelotas
San Salvador
Tacuarembó
Ansina
Pedro Osório
Colón
Merinos
Piedra Sola
Rio Negro
Rio Grande
Paysandú
Paso de los Toros
Melo
Concepción del Uruguay
Lago artificial de Rincón del Bonete
Jaguarão
Lagoa Mirim
Gualeguaychú
Fray Bentos
URUGUAY
Laguna Merín
Lagoa Mangueira
Mercedes
CUCHILLA GRANDE
Treinta y Tres
Durazno
Trinidad
Dolores
San José de Mayo
Santa Vitória do Palmar
Carmelo
La Cruz
Pirarajá
Col. del Sacramento
Florida
San Isidro
Minas
Castillos
BUENOS AIRES

118

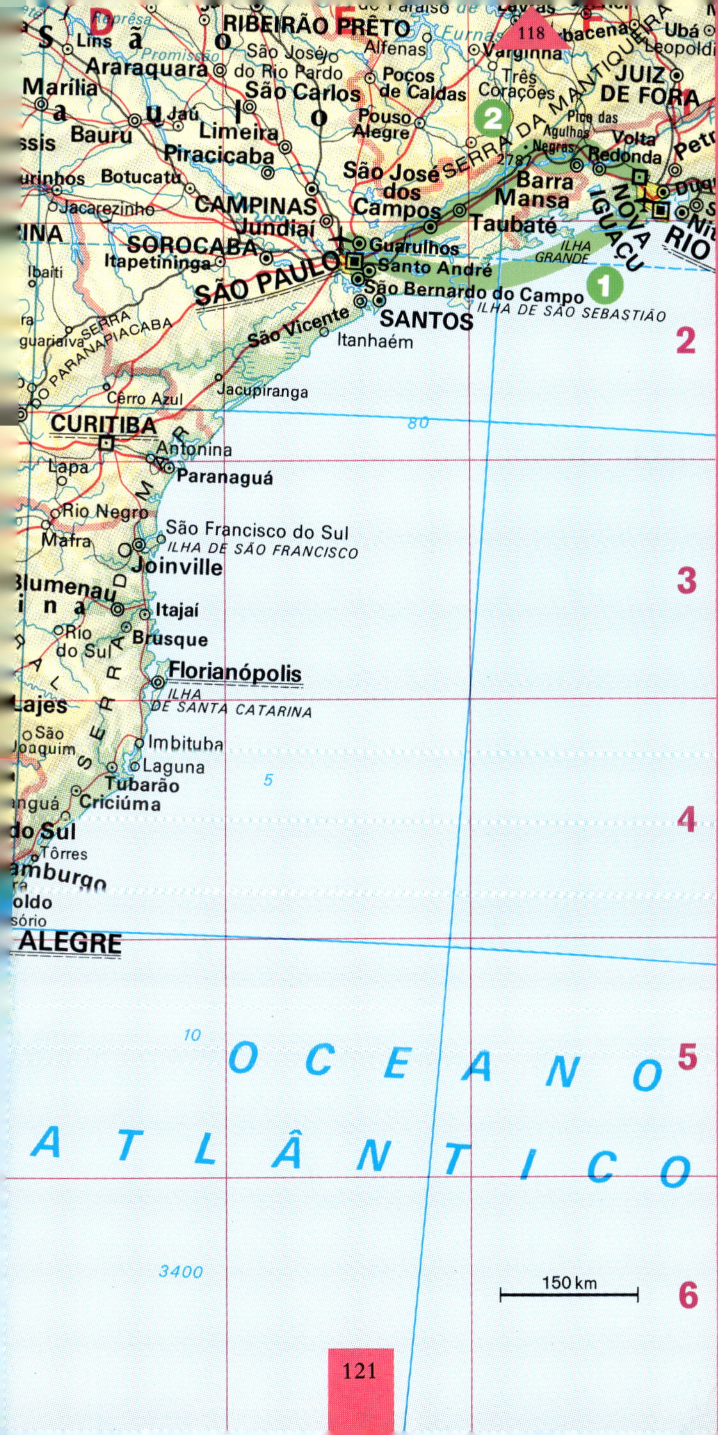
D
E
F
RIBEIRÃO PRÊTO
Furnas
Alfenas
Varginna
Barbacena
Ubá
Leopoldina
Lins
Promissão
São José do Rio Pardo
Araraquara
São Carlos
Poços de Caldas
Três Corações
JUIZ DE FORA
Marília
Jaú
Pouso Alegre
SERRA DA MANTIQUEIRA
Pico das Agulhas Negras
2787
Bauru
Limeira
Piracicaba
Volta Redonda
Botucatu
São José dos Campos
Barra Mansa
CAMPINAS
Jacarezinho
Jundiaí
Taubaté
NOVA IGUAÇU
RIO
SOROCABA
Guarulhos
Itapetininga
SÃO PAULO
Santo André
São Bernardo do Campo
ILHA GRANDE
ILHA DE SÃO SEBASTIÃO
SANTOS
São Vicente
Itanhaém
SERRA DO PARANAPIACABA
Jacupiranga
Cêrro Azul
80
CURITIBA
Antonina
Lapa
Paranaguá
Rio Negro
Mafra
São Francisco do Sul
ILHA DE SÃO FRANCISCO
Joinville
Blumenau
Itajaí
Rio do Sul
Brusque
Florianópolis
ILHA DE SANTA CATARINA
SERRA DO MAR
Lajes
São Joaquim
Imbituba
Laguna
Tubarão
Criciúma
5
Tôrres
ALEGRE
10
OCEANO ATLÂNTICO
3400
150 km
2
3
4
5
6

LEGENDE REISEATLAS

Hauptstraße		Main Road
Nebenstraße		Minor Road
Piste, Karawanenweg		Track
Haupteisenbahnlinie		Main line railway
Andere Eisenbahn		Regional railway
Staatsgrenze		National boundary
Grenze eines Bundesstaates		State boundary
Grenze einer Provinz		Provincial boundary
Hauptstadt eines Staates	BRASÍLIA	National capital
Hauptstadt eines Bundesstaates	MACEIÓ	State capital
Wasserfall		Waterfall
Staudamm, Talsperre		Dam
Internationaler Flughafen		International airport
Sumpf		Swamp
Korallenriff, Atoll		Reef, atoll

200 km

In diesem Register finden Sie die in diesem Führer erwähnten Orte. Halbfette Seitenzahlen verweisen auf den Haupteintrag, kursive auf ein Foto.

Was bekomme ich für mein Geld?

Durch den »Plano Real« haben sich in letzter Zeit die Servicepreise deutlich verteuert. Dennoch kann der Tourist in Brasilien oft relativ günstig leben. Wo kann man schon für etwa 50 Mark rund 1000 km in bequemen Bussen reisen? Wo kostet eine Flasche Bier (0,6 l) noch 2 Mark und eine Tasse Mokka 50–60 Pfennig? Für die berühmte Caipirinha (Cocktail aus Limonen und Zuckerrohrschnaps) zahlt man im Restaurant 3–5 Mark – dafür ist der Liter Alkohol (aus dem Zuckerrohr) fürs Auto billig: 90 Pfennig. Benzin kostet 1,30 Mark, Diesel 75 Pfennig.

Die staatlichen Museen sind in der Regel frei oder kosten ungefähr 3 Mark. Kinokarten sind ab 8 Mark zu haben, der Eintritt ins Fußballstadion oder in Konzerte kostet ab 10 Mark, unterliegt aber starken Schwankungen. Denn kein Mensch käme auf die Idee, Karten vorzubestellen oder sich an der Kasse anzustellen. Das Geschäft macht immer die Mafia der *cambistas,* der Zwischenhändler, die die Karten am Eingang schwarz verscherbeln. Da hilft nur eines: Nerven bewahren und hart handeln. Deshalb beginnen alle größeren Kulturveranstaltungen grundsätzlich mit mindestens 15 Minuten Verspätung.

Die relative Währungsstabilität seit 1994 wird jedoch vom Konsumenten inzwischen mit steigenden Kosten bezahlt. Aber auch wenn die Preise für Dienstleistungen, Inlandflüge, Restaurantbesuche oder Taxifahrten immer öfter europäisches Niveau erreichen, sollte der aus der Ferne kommende Tourist königliche Großzügigkeit walten lassen: Wer um Pfennige feilscht, gibt ein schlechtes Bild ab. Es ist gut, immer ein paar kleinere Noten für Trinkgeld usw. dabeizuhaben.

Travellerschecks – auch auf Dollarbasis – nimmt man nicht überall. Am verbreitetsten ist American Express. Man sollte also Dollar dabeihaben und sie gut (im Schuh!) verstecken. Kreditkarten akzeptieren nur große Hotels und teure Geschäfte.